青少年不可不知的家规家训

老话说得好

呼志强 编著

团结出版社

图书在版编目（ＣＩＰ）数据

老话说得好：青少年不可不知的家规家训 / 呼志强
编著. -- 北京：团结出版社，2017.10
ISBN 978-7-5126-5354-2

Ⅰ. ①老… Ⅱ. ①呼… Ⅲ. ①家庭道德－中国－青少
年读物 Ⅳ. ①B823.1-49

中国版本图书馆 CIP 数据核字(2017)第 180061 号

出　版：团结出版社
　　　　（北京市东城区东皇城根南街 84 号　邮编：100006）
电　话：(010) 65228880　65244790　（出版社）
　　　　（010) 65238766　85113874　65133603（发行部）
　　　　（010) 65133603（邮购）
网　址：http://www.tjpress.com
E-mail：zb65244790@vip.163.com
　　　　fx65133603@163.com（发行部邮购）
经　销：全国新华书店
印　装：三河腾飞印务有限公司

开　本：170mm×230mm　　　16 开
印　张：14.5
字　数：210 千字
印　数：4045
版　次：2017 年 10 月　第 1 版
印　次：2017 年 10 月　第 1 次印刷

书　号：978-7-5126-5354-2
定　价：35.00 元

2016 年 12 月 12 日，习近平同志在北京会见第一届全国文明家庭代表并发表重要讲话。习近平同志强调，家风是社会风气的重要组成部分。家庭不只是人们身体的住处，更是人们心灵的归宿。家风好，就能家道兴盛、和顺美满；家风差，难免殃及子孙、贻害社会。广大家庭都要弘扬优良家风，以千千万万家庭的好家风支撑起全社会的好风气。

中央电视台曾经做了关于"你家的家风是什么"的调查，对于我们重新认识家训、家风的地位和作用很有意义。从某种程度上讲，家风是家训的外在表现，家训是一个家庭的"核心价值观"。没有规矩，不成方圆。大到一个国家，小到一个家庭都是如此。中国历史上许多影响深远的家训总是与历史深远的家庭、家族联系在一起的。每一本家训，几乎就是一个家庭、一个家族的一首家教史诗。历史上的名臣大儒如宋朝的司马光、欧阳修、朱熹，明朝的王夫之及清朝的郑板桥、曾国藩等都留有家训。

传统家训涉及的领域极其广泛，但核心始终围绕着治家、教子、修身和做人展开，实质是伦理教育和人格塑造，主要包括：孝亲敬长、睦亲齐家、宽厚谦敬、习业自立、励志勉学、修身养德、审择交友、近善远佞、和待乡邻、洁身自好、力戒恶习、勤劳节俭以及孝顺父母等方面的训导。虽然由于时代和阶级的局限性，传统家训的内容有些缺陷，但从总体上看，仍不失为先人们留下的一笔宝贵的历史文化遗产。

历史在前进，时代在发展，社会在进步。在现阶段我们有必要重新认识"家训"的地位和作用，在继承家训这一传统文化遗产时，赋予家训以新的、适合时代要求的内容，使之能够与时俱进。习近平同志曾多次强调："不论时代发生多大变化，不论生活格局发生多大变化，我们都要重视家庭建设，注重家庭、注重家教、注重家风。"每个家庭要结合家庭自身的情况特点，制订符合自己家庭的"家训"，让"长少有序""睦亲齐家""宽厚谦敬""近善远佞""宽厚谦恭""克勤克俭""孝顺父母"等成为每个家庭的亮丽名片。

今天的学校教育，大多还是知识与技能教育，有知识有技能不一定就有修养，文化高不一定素质高。因此，现代社会的家庭仍不失为基本的家教场所。"家"在中国历史上承载有太多的意义，古人已经认识到，在整个教育过程中，家庭教育处于初始与基础的重要地位，如果能够在一个人小的时候，就对其进行道德教育和品质培养，那么，在他们成人之后，就会成为讲道德、讲规范、讲礼仪、讲文明的好人。

本书从浩如烟海的历代古籍中，把闪耀着中华民族智慧之光的、至今仍有借鉴价值的家规、家训梳理、筛选出来，拾掇成篇，希望能对现在的青少年教育起到良好的辅助作用。

本书共分十章，第一章统领全书，讲了家训的过去现在，也明确了家训的重要性。第二章到第十章分门别类，从不同的方面介绍了名家警句、家训故事，有利于扩大青少年读者的视野，增加他们的文化修养，促进他们思考和感悟。本书还设置了"家训自悟"栏目，使青少年能在古代家训中总结出自己的感悟，明确努力的方向。寓于本书作者水平，书稿不足之处颇多，望读者批评指正。

编　者
2017 年 5 月

老话说得好——青少年不可不知的家规家训

第一章 家训是我们珍贵的文化遗产

家训可以说是具有浓郁中国特色的一种文化存在。遗子千金，不如遗子一经。历史已经证明，许多大家族的兴旺，并不是靠财富的积累，而是靠家族理念的传承。中国这个具有五千年光辉历史的文明古国，一直以重视"家教"著称于世。古人进行"家教"的各种文字记录，包括散文、诗歌、格言等，通常被称为"家训"，这是古人留给我们的珍贵文化遗产。

一、不以规矩，不成方圆

家训，又称家诫、家范、庭训等，指家庭或家族对子女教导或训诫的话。家训被许多人特别是知识分子拿来在立身、处世、为学等方面作为教育后辈的家庭教育读物。如果说中华传统文化是浩瀚的大海，家训就是大海中出产的一颗明亮的珍珠。中国家训内容之丰富、涉及面之广博、影响之深刻是世界各国文化所不及的。

家训是治家之仪轨，修身之准则，堪为"一家之法"。在任何历史时期，家训对于稳定社会秩序都产生过积极作用，也是国法之外的重要补充与辅助手段。"国有国法，家有家规"，一个国家有一个国家的法律，一个家庭有一个

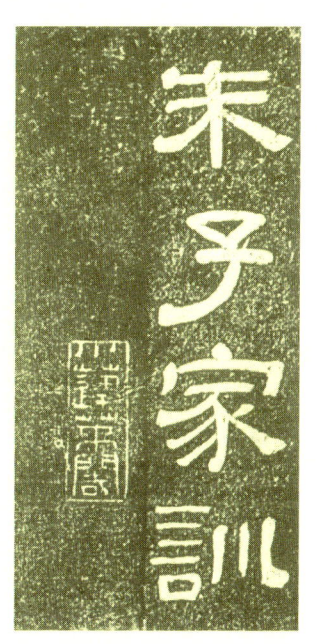

清代黄易隶书《朱子家训》石刻拓本

家庭的规矩。孟子曰："不以规矩，不成方圆。"一个家庭要想兴旺发达，做人做事都要懂得讲规矩。

家训萌芽于三皇五帝时期，初步产生于西周，成形于两汉，成熟于魏晋南北朝，繁荣于隋唐、宋元，明清时期达到鼎盛，至清末与民国时期，传统家训发生了重大转变。这种转变与西风渐进、时代变革有关。

中国流传至今比较有名的家训大多是帝王将相、仕宦之家和士大夫的各种作品，至于更多的平民家庭的家训，有的可以从各种族谱、家谱中找到，而绝大多数只能通过家庭、家族内部口口相传而被人们所了解。但不管是哪种形式的家训，都可以找到许多共通的内容。这共通的内容主要分为三类："修身齐家""为人处世""读书勉学"。

1. 关于修身齐家

家庭，是社会的基本单位，是社会的细胞，处理好家庭关系，对于社会稳定和社会发展有重要意义。中国传统家训认为，在家庭里，首先要处理好夫妻关系，做到夫妻和顺，夫唱妇随，相敬如宾；其次要处理兄弟关系，做到兄友弟恭；再次要处理好长少关系，做到父慈子孝，为人父持家要宽严有度，有家主风范，而为人子要恪尽孝道；家主要善于持家，要勤勉、节俭、仁厚，家庭要和睦友爱，齐心协力；等等。

除了"齐家"，还需"修身"，中国传统家训认为，人生在世，总要有所作为；如果胸无大志，三心二意，就会虚度年华，无所作为。人生需有志，用正确的目标引领人生历程，因此要强调人生中立志的重要作用。三国时期的诸葛亮曾说："夫君子之行，静以修身，俭以养德，非淡泊无以明志，非宁静无以致远。"晋人嵇康曾说："人无志，非人也。"明人杨继盛曾说："人须要立志。"立志，对于修身是十分重要的。要做一个有德行的人，还要志在圣贤，矢志不渝地追求远大理想，并时刻砥砺自己。

2. 关于为人处世

中国家训中讲如何"为人处世"的比比皆是，其中讲得最多的是"宽厚""交友""谦恭"和"助人"等。在为人处世方面，传统家训认为，

老话说得好——青少年不可不知的家规家训

要谦和诚实，以礼相待；要戒除骄狂傲慢的作风；要善于扬人之长；戒己之短；要设身处地，善于留有余地，灵活机智；等等。如宋人袁采说："处己接物，而常怀慢心、伪心、妒心、疑心者，皆自取轻辱于人，盛德君子所不为也。"明人杨继盛说："与人相处之道，第一要谦下诚实。"这些看法，对于人们增强自我修养，在处世为人上树立好的德行，是有积极的启发性的。

中国传统家训还认为，人生在世，难免同人打交道，有时还少不了有交友的需求。交友，是社会关系的产物。在交友中，人与人是互相影响的，所谓"近朱者赤，近墨者黑"，因此要慎交友、择友务贤。汉末魏初名士刘廙（yì，180—221）说："交友之美，在于得贤，不可不详。"他们将交友看成人生中的大事，所以强调慎重对待。

3. 关于读书勉学

中国传统家训认为，人非生而知之，人非生而圣贤，所谓知识和圣贤，都是勤学的结果。人必须向社会实践学习，向古人学习，向书本学习。如果离开了学习，是不可能立身处世的。他们认为，知识只属于那些勤奋学习的人，学习的志趣越高，学习的动力就越大，取得的成就也就越突出。宋人欧阳修说："玉不琢，不成器；人不学，不知义。"关于学习方法，强调勤、恒、苦、知、行和终生不渝，等等，如唐人韩愈说："诗书乃勤有，不勤腹中空。"清人章学诚说："夫学贵专门，识须坚定。"陆游认为："古人学问无遗力，少壮工夫老始成。纸上得来终觉浅，绝知此事要躬行。"这些传统的学习方法，至今仍具有指导意义。

关于家训的形式，大致可以分为五种：

一是引用儒家经典，结合自己的人生经验，对子孙进行教育，《颜氏家训》是这类家训的代表。

二是不做理论上的论证，不进行陈述铺染，而是直接定出家训条款，让家人共同遵守。

三是利用书信的形式，经常对子孙进行教育，久而集成册子，这种形式的家训以曾国藩的《曾文正公治家全书》为代表。

《曾文正公治家全书》

四是陈述家主以及祖先的经历，使子孙感悟人生的艰难，启发子孙懂得出世居家的道理。

五是用诗歌、格言及警句等形式对子孙进行训诫。

历代家训中反映的内容，尤其是在教育子女方面的经验和方法，责己处人的心得，都值得我们借鉴和学习。当然，古代家训由于受时代的局限，不可避免地带有一些消极思想，这是我们应该加以扬弃的。

建设和谐社会和和谐文化，也可以从中华家训中得到深厚、有益的文化滋养，促成中华文化的现代化，构建中华家训与和谐社会、和谐文化的良性互动关系。这是很有意义的。

二、中华家训的源起

按照《尚书》和《史记·五帝本纪》的说法，早在黄帝、尧、舜、禹时期，就有家庭训导。严格来说，家训源流起自西周，周文王就十分注意对太子姬发和子孙的训导，在《尚书·酒诰》《逸周书》的《文儆解》《文传解》有多条记载。武王为警示成王姬诵，在其席、盆、几案、镜子、门柱以及窗户等各种显眼的物品上刻写诸多铭文，内容包括：提醒成王记住殷鉴、谦虚谨慎、敬天保民等。西周家训以周公最为突出。在我国历史上，最早的、正规的、有文字记载的家训是西周的《姬旦家训》。姬旦，史称周公，是西周初年杰出的政治家，周文王的儿子、周武王的弟弟、周成王的叔父和老师。他帮助武王伐纣灭商，开国有功，是西周的

周公（画像）

开国重臣。周武王死后，其子成王年幼，由周公摄政。周公在摄政期间，以其卓越的政治才能和超凡的治理能力，使西周的政治、思想、文化和教育有了很大的发展，受到世人的赞誉。周公在身体力行、勤勉从政的同时，谆谆教诲侄子成王、儿子伯禽必须养成勤政爱民、谦恭自律、礼待贤才的作风。周公教诫子侄有《戒子伯禽》和《戒侄成王》两部家训传世，这两部家训合称为《姬旦家训》。

在《戒子伯禽》一书中，周公殷殷告诫代其治理鲁国封地的儿子伯禽说："我是文王之子，武王之弟，成王的叔父，我的身份、地位是很高的，可是为了求得贤才我朝思暮想，以至到了洗头的时候都在思考国家大事，吃饭时如有士人来访也要几次吐出口中的饭，赶紧接待他们，唯恐失去贤才。你到鲁国后，一定不能因为自己是国君了，就慢待了士人和民众。要礼待贤才，勤政爱民，把鲁国治理好，做诸侯国的榜样。"伯禽没有辜负父亲的期望，没过几年就把鲁国治理成民风淳朴、务本重农、崇教敬学的礼仪之邦。

在《戒侄成王》一书中，周公一再告诫成王要修己敬德，防止骄奢淫逸、重蹈殷商失德亡国的覆辙。《姬旦家训》对后世有着深远的影响，曹

操在其名篇《短歌行》里高度赞扬了"周公吐哺，天下归心"的理政治国风范。

西周经历了文、武、成、康诸王的统治，逐渐走向衰落。周平王即位后，东迁洛邑，是为东周，中国历史进入春秋时期。周天子已失去"天下宗主"的威仪，各诸侯国之间互相攻伐，战争不断；诸侯国内部臣弑君、子弑父，纷争不已；奴隶制急剧衰落，逐渐被封建制所取代，中国进入战国时期。这一时期，天下大乱，"礼崩乐坏"，各国经过拼杀、分裂、兼并，最后由春秋时的周、鲁、齐、晋、秦、楚、宋、卫、陈、燕、吴、越等国，演化为韩、赵、魏、齐、秦、楚、燕七大强国。

春秋战国时期，随着士阶层的崛起、私学骤兴，以及用士养士之风的盛行，家庭教育受到广泛的重视。伴随着家庭教育地位的提高，家训也有了很大的发展，并流传下来很多脍炙人口的故事。比如首创私学、以诗礼传家的孔子的《庭训》，清廉正直、世称贤相的孙叔敖的《临终戒子》遗文，世称贤母的敬姜的家训，素有母仪风范的孟母仉氏"三迁其居""断机教子"的母训，以及《韩非子》中所记述的《曾子杀彘》的家教故事，都充分地显示了春秋战国时期家训的发展及成就。

明代仇英绘《孔子圣绩图》

孔子教子的《庭训》散见于《论语》中，据《论语》记载，有一天孔子在庭院中沉思，其子孔鲤快步从他身边走过，孔子突然叫住孔鲤问："学《诗》乎？"孔鲤回答："未也。"孔子教导他："不学《诗》，无以言。"孔鲤退而学《诗》。又有一天，孔子在庭院见到孔鲤，问："学《礼》乎？"孔鲤对曰："未也。"孔子教育他："不学《礼》，无以立。"孔鲤退而学《礼》。孔子在家庭教育中要求儿子孔鲤努力学习中国古代的传统文化，学习社会的典章制度和伦理道德规范，使之在学业和道德上能够有所建树，将来成就一番伟业。所谓"不学《诗》，无以言"，"不学《礼》，无以立"，强调的就是读书与做人的结合，治学与修身的统一，这是自孔子开始形成的中国家训的突出特色。在中国古代历史上，孔子对中国古代文化的发展可谓功勋卓著。孔子在家庭教育中所形成的优良传统对后世影响很大。

世称贤母的敬姜的《论劳逸》是春秋战国时期家训的代表作。敬姜是鲁国大夫公文伯的母亲，有一天，公文伯朝见鲁君后回家，看到母亲正在绩麻，就对母亲说："像我们这样高贵富裕的家庭，您还要亲自绩麻，季孙看了会生气的，以为我没伺候好您老人家哪！"敬姜听罢儿子的抱怨，训诫道："夫民劳则思，思则善心生；逸则淫，淫则忘善，忘善则恶心生。"她认为，上自天子、诸侯、三公、九卿，下至黎民百姓，都必须劳动，或劳心、或劳力，才能政清人和、国泰民安，这是治国安邦的基础和前提。在此敬姜阐发了一个最朴素的真理：勤勉不怠国则兴，逸乐怠慢国则败。敬姜的诫子家训是载于《国语》上的有名的家训，敬姜因这篇出色的《论劳逸》成为有名的贤母。

《曾子杀彘》的故事载于《韩非子·外储说左上》，故事中说，曾子的夫人去集市上买东西，他的儿子哭着也要跟着去。曾子的夫人对儿子说："你只要在家待着，我回来就杀猪给你吃。"曾子的夫人从集市上回来，就看见曾子要捉小猪去杀。她就劝止说："我只不过是跟孩子开玩笑罢了。"曾子说："这可不能开玩笑啊！小孩子没有思考和判断能力，要向父母亲学习，听从父母亲给予的正确教导。现在你欺骗他，这就是教孩子骗人啊！母亲欺骗儿子，儿子就不再相信自己的母亲了，这不是正确教育孩子的方法啊！"于是把猪杀了，煮肉给儿子吃。教育儿童言行一致，家长不能信口开河，有言必信。只有言传身教，才能使孩子诚实无欺。曾子为了不失信于小孩，竟真的把猪杀了煮给孩子吃，目的在于用诚实守信的态度去教育后代、影响后代。

总体而言，春秋战国时期的家训尚未独立成文，一般都是夹杂在古籍文献中的只言片语；这些家训也不是家训执行者自己撰写成文，而多为后人追忆而成，往往以家教故事的方式流传下来。尽管如此，春秋战国时期的家训却为后世家训的发展规定了基本格调、奠定了发展的基础。

三、名家诸多的秦汉魏晋家训

秦王朝是中国历史上第一个统一的中央集权制的封建王朝，也是中国历史上最短命的王朝，仅存在了 15 年。秦始皇废分封，行郡县，统一文字、货币、度量衡，积极进行政治、经济、文化、教育等各方面的改革，为汉及汉以后中国封建专制政权的巩固与发展开辟了道路。但由于秦朝实施"禁私学，以吏为师"的政策，私学曾一度中断，家学的发展受到限制，家训的发展呈沉寂状态。秦代较有影响的家训只有孔鲋的家训。

孔鲋，名甲，字子鱼，是孔子的第八代孙，他参加过秦末农民起义，陈涉兵败，孔鲋慷慨赴死。现存家训就是孔鲋临终戒子（也包括他的学生）遗言。孔鲋家训里有句蕴含深刻的警世名言："处浊世而清其身，学儒术而知权变。"这是经历了人生的大波大浪之后的彻底顿悟。孔鲋家训中所流露的明哲保身思想，反映出了中国古代家训的另一个共性：中国古代的家训多是先哲们经历了诸多磨难之后有感而发，很多家训都是他们一生经验的最后总结与升华。

汉继秦兴，两汉兴盛时间延绵达 400 余年，有大量家训问世，仅名家名作就有：刘邦的《手敕太子书》，孔臧的《诫子书》，司马谈的《遗训》，刘向的《诫子歆》《胎教》，张奂的《戒兄子书》，郑玄的《戒子益恩书》，蔡邕的《女训》，等等。这些名家名作博涉人生世事的方方面面，极大地丰富了中国古代家训的内容。

刘邦临终留下《手敕太子书》，追悔自己长于乱世、不喜欢读书的遗憾，告诫刘盈：勤学书法，与诸弟敬重老臣。

西汉太史令司马谈的家训《命子迁》成就了其子司马迁的历史巨著《史记》，于是便有了"没有《命子迁》就没有《史记》"的说法。司马谈在临终之时，洒泪告诫儿子司马迁一定要完成续写《史记》的历史重任。后来司马迁在《报任少卿书》中，详尽地叙述了自己蒙冤受屈惨遭酷刑的经过，同时也衷心倾吐忍辱苟活、著述《史记》的内在动力。正是由于父亲家训的鞭策和激励，才使司马迁忍辱负重，置个人荣辱、生死于度外，出色地完成了续写《史记》的宏图伟业。

论处世之道，以疏广的《告兄子言》和樊宏的《戒子言》为代表。

论为人之道，以马援的《诫兄子严·敦书》和张奂的《戒兄子书》为代表。

论胎教，则以刘向的《胎教》最为著名。刘向在《列女传·周室三母》里，以托古改制的方式阐述了胎教的意义和方法。

东汉班昭为训示女儿恭守礼教，著《女诫》，被尊为"女圣人"。这是第一部针对女性的家训，虽然其中关于男尊女卑、夫为妻纲的思想并不合理，但是教育女性修持美德、仪态端庄、勤俭持家、和睦家族等是无可厚非的。

魏晋南北朝时期，被史学家们称为中国历史上的"离乱"年代、"继汉开唐"年代。在这360余年的动荡岁月里，国家不统一，政治不安定，战争连绵，政权频繁更迭，人民生活朝不保夕；也是因为年代动荡，新事物不断萌生，新思想、新观念

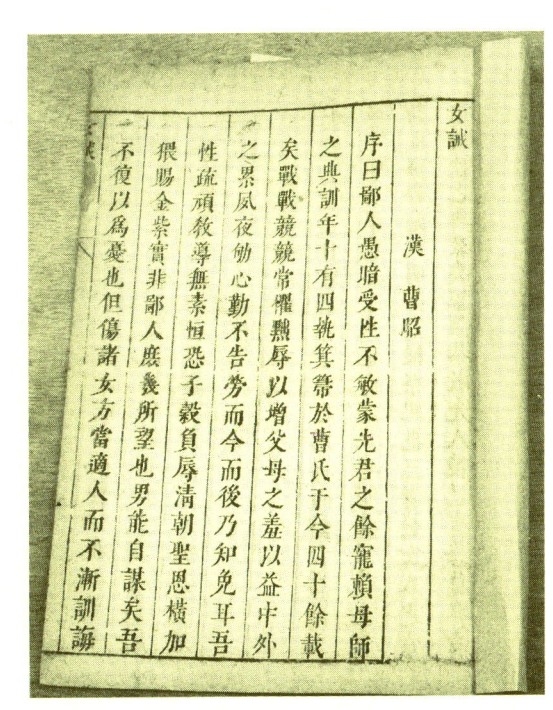

明万历刻本班昭的《女诫》

9

不断涌现，仅就家训而言，名家名作如雨后春笋，如魏主曹操的《诸儿令》《戒子植》《遗令》，蜀主刘备的临终《遗诏敕后主》，颜之推的《颜氏家训》，等等，作为不同时期家训的代表作，均既有极高的文学价值和史学价值，也有相当深远的教育意义，它们在中国家训史上宛若群星灿烂，至今仍历久弥新。

曹操在家训中，以烈士暮年、壮心不已的悲壮情怀告诫儿子：一要恪守以法持军之宗旨，注意牵情制怒；二要以国事为重，在其身后节俭治丧，在其墓穴中"无藏金玉珍宝"，充分表现了他移风易俗、探索革新、至死不渝的执着精神。

刘备在吴蜀彝陵之战大败后，久病不起，自知将不久于人世，留遗嘱给后主刘禅，告诫刘禅努力读书、严谨修身，做一个有德有才的君子。但令人遗憾的是，刘禅这个扶不起来的阿斗，辜负了父亲的期望，不仅没能成为明主，反而把国家丢了。

嵇康是魏晋南北朝时期杰出的玄学家、出色的诗人和文学家，是曹操的曾孙女婿。作为"竹林七贤"的主要代表人物，他深谙世态炎凉，其《家诫》屡屡将君子与凡夫俗子相比相照，并以后者为戒，告诉子女立身、行事、做人、治学的道理：

一告诫后辈要立志，志之必坚。他说："人无志，非也"，"若志之所志，则口与心誓，守死不二，耻躬不逮，期于必济"。否则立志不坚，"中道而废"，功败垂成，将抱恨终生。为此，他特别注重良好意志的培养，告诫子女要"堪近患""忍小情"，不"牵于外物"，不"累于内欲"。

二告诫后辈要"见义而作"，赈灾济贫。他告诫后辈不要做那些微不足道的互赠礼品的交往，而应把钱财赠予那些确实需要救助的人们。

三告诫后辈要慎言。他说："夫言语君子之机，机动物应，则是非之行著矣，故不可不慎。"

四告诫后辈要少欲，要宽容谦恭，要涵养"临朝让官，临义让生"的"忠臣烈士之节"。

五告诫后辈不要打探他人隐私。他说:"凡人自有公私,慎勿强知人知。"

六告诫后辈不要受人之馈。他说:"匹帛之馈,车服之赠,当深绝之",因为"常人皆薄义而重利",别人主动向你破财献礼,则必有所求,必图回报,这是"君子之所大恶也"。

嵇康的《家诫》絮语平实亲切,多有感而发,它是中国家训逐渐走向成熟的重要标志。

继嵇康之后,徐勉的家训也很有特色。徐勉(466—535),一生为官清廉,家无积蓄,他留给儿孙的只有两袖清风的为官志节和勤奋读书的乐学精神。徐勉说,自古以来,很多父母为了使孩子生活得安逸、幸福,都拼命聚敛财富,看似爱子,实则害之,最终只能使子女由于过分依仗父母之家资而丧失独立创业的志气、胆量和能力,坐吃山空。这种父母是愚蠢的、不明智的。在徐勉看来,"遗子黄金满籯(竹笼),不如一经",他认为做一个合格的父亲,留给子孙的不应是物质财富,而应是乐善向学的人格风范。这对今天某些不知教子只知敛财的父母仍有所启示。

魏晋南北朝时期是中国家训发展的关键期,也是成熟期。这个时期的

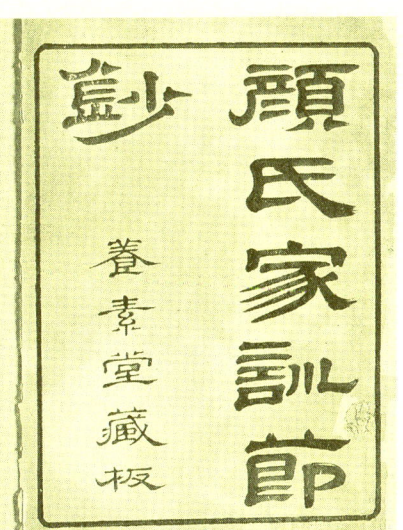

清雍正年间刻本《颜氏家训节抄》

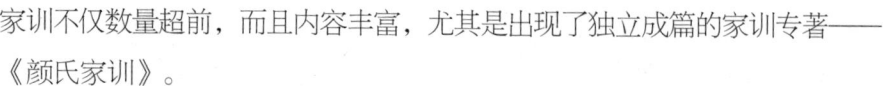

家训不仅数量超前，而且内容丰富，尤其是出现了独立成篇的家训专著——《颜氏家训》。

南北朝思想家、教育家、文学家颜之推的《颜氏家训》，是传统家训的集大成者，被后人誉为家教典范，有人赞叹"古今家训，以此为祖"。《颜氏家训》不仅在家庭伦理、道德修养方面对我们今天有着重要的借鉴作用，而且对研究古文献学和南北朝历史文化有着很高的学术价值。《颜氏家训》的确是我国历史上第一部内容丰富、体系宏大的家训，也标志着中国传统家训真正走向了成熟。

从总体上看，秦汉魏晋之际的家训，尤其是两汉时期的家训在数量上大大超过了前代，其内容也较为丰富，但其形式依然率由旧章，没有大的突破。

四、灵活多样的唐宋家训

隋唐和宋元时期，是中国家训的繁荣期。这一时期，家训在进一步成熟的过程中走向繁荣。唐宋家训特点是内容更加丰富，形式更加灵活多样，可读性更强，教育意义更大，涉及范围更广。

1. 唐代家训

在唐代家训中，帝王家训占有特殊地位，其代表作是唐太宗李世民的《诫吴王恪书》《戒皇属》《帝范》。封建帝王撰写家训的目的显然是让子孙后代永葆一家一姓之王朝永久不衰，其内容也主要是告诫其后代遵守封建社会的各项道德规范，加强自身道德修养，掌握其治国驭民之术。

在唐代，另一部有代表意义的家训是宋若莘仿《论语》而作的《女论语》。宋若莘，唐代贝州清河（今河北省邢台市清河县）人，著名才女，著有《女论语》20章，为四言韵文。书中全面阐发了女子立身处世的原则和应具备的能力。《女论语》在我国影响颇大，对我国古代女性温柔贤良品性的形成具有不可忽视的影响。宋若莘在《女论语》中主张女子要善女工，会操持家务，熟知礼节，懂得孝敬双亲、辅佐丈夫、教育子女。

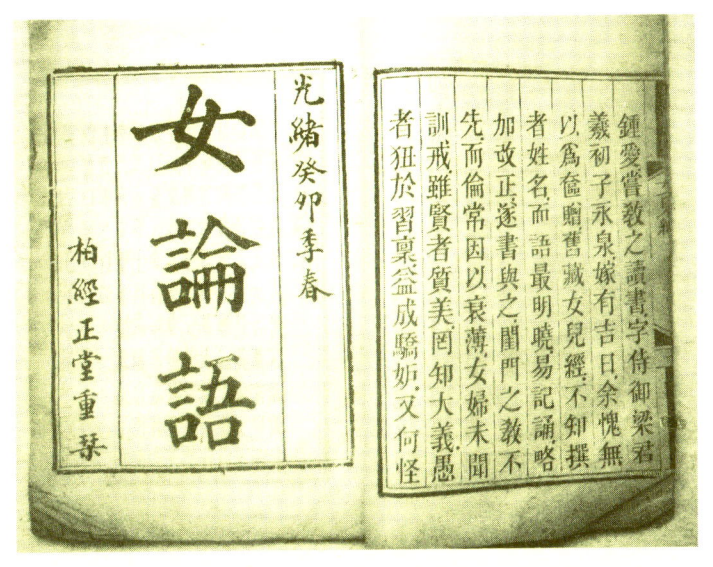

清代光绪二十九年（1903 年）刻本《女论语》

　　唐代家训中行文最美、对后世影响颇大的是唐末柳玭的《柳氏家训》。柳玭，唐朝官吏，其祖父、父亲皆以理家严谨闻名，有"言家法，世称柳氏"之誉。在《柳氏家训》中，作者告诫子孙不要倚仗门第高而骄傲自大，劝贵族后裔"修己不得不恳，为学不得不坚"。否则，"以己无能而望他人用，以己无善而望他人爱"是不可能的。

2. 宋代家训

　　宋代是家训大发展时期，宋代几位君主赵匡胤、赵光义、赵恒、赵祯等皆有家训遗世。宋代很多文人、学者、政治家、思想家在继承前代重视家庭教育的优良传统的基础上，通过诫子诗、家诫、家范等多种形式，写出了远远超过前朝的家训，其名作成百上千篇。司马光撰有《家范》《居家杂议》《训俭示康》三篇家训，其中《家范》引经据典，以德、礼为中心，包罗广泛。范仲淹的《义庄规矩》和《续订规矩》很有特色，对封建家族的财产管理、分配和使用做了多条规定。南宋最著名的家训是袁采的《训俗》三卷（其好友刘镇将其改名为《袁氏世范》）。陆游的《放翁家训》重视处世之道、爱国保族，歌颂耕读传家。

宋代注重道德教育，倡导父慈、子孝、兄友、弟悌、夫正、妇顺，即通过对家庭生活成员的言行举止的规范，将儒家思想贯彻其中。这些内容在司马光的《家范》《涑水家仪》和陆九韶的《居家正本》中尤多。除了道德教育外，宋人还重视参加科举考试以入仕的教育及其他知识教育，以提高子孙的素质。宋人家训中也涉及许多教育原则，其中教育贵早、宽严相济这两点在当今仍有一定的借鉴意义。

在唐宋家训中，我们最为熟悉的当属包拯家训和《袁氏世范》。北宋时的包拯有"包公""包青天"之美誉，以刚直不阿、执法如山著称于世，他的家训只有37个字，却字字千钧，掷地有声："后世子孙仕宦，有犯赃滥者，不得放归本家；亡殁之后，不得葬于大茔之中。不从吾志，非吾子孙。"并让其子包珙刊石，竖于堂屋东壁，以照后世。其人其训，跃然碑上，让人肃然起敬。南宋时的袁采，虽只是个小县令，但他同样以廉明刚直著称于世，而且很重视教化一方。他撰写的《袁氏世范》是中国家训史上与《颜氏家训》相提并论的一部家训著作，被称为"亚训"，传世之后，很快便成为私塾学校的训蒙课本。历代士大夫都十分推崇该书，将它奉为至宝。

五、从顶峰到低谷的明清家训

明清时期，是中国家训的鼎盛期。明清两代撰写家训的风气更浓，家训不仅在数量上超过了以往，内容也更加丰富，形式更加多样，领域也有所扩大——既有一般的家训，也有专门训诫商贾的家训；作者既有王公贵族、学究名士，也有大商大贾、普通百姓；形式上既有长篇鸿作，也有箴言、歌诀、训词、铭文、碑刻；方式上既有循循善诱的说理激励，也有家训族法的惩罚条文；等等。中国家训的发展由此达到顶峰。

在明代诸多家训中，以下几部是颇具特色和影响力的。

《寄从子希哲》是明宣宗朱瞻基写给儿子希哲的家信。朱瞻基在位期间任贤纳谏、发展生产、与民休养生息，政治较为清明，所以在历史上有"明有宣宗，犹周有成康、汉有文景"之论。作为比较开明的封建帝王，朱瞻基严谨治家，对儿子处事、做人、交友严格指导，要求儿子行好事、做好人、交好友。

明代官至礼部尚书的霍韬，所作《霍渭涯家训》反映出一个受到儒家思想渗透的基层社会家族，在经济上升期，特别是出现高官引起朝野重视的家族，如何保持不败，如何从经

明宣宗朱瞻基（画像）

济富有家族转变为文化家族，或者说努力向旧望族转变的过程。霍韬的家训将劳动教育作为家庭教育的重要内容和形式。霍韬认为孩子从小参加劳动，可以体验到农夫种田的辛苦，知道一粥一饭来之不易，就会养成节俭、敦厚的品性；否则，不劳而食，久享富贵，必至衰落贫穷。

《勉谕儿辈》是明嘉靖进士周怡写给儿子的家训。在这篇简短的家训中，周怡主要谈的是节俭持家的道理：由俭入奢易，由奢返俭难。饮食衣服，若思得之艰难，不敢轻易费用；酒肉一餐，可办粗饭几日；纱绢一匹，可办粗衣几件；不馁不寒足矣，何必图好吃好穿？常将有日思无日，莫等无时思有时，则子子孙孙常享温饱矣。周怡在这篇家训中所阐发的勤俭持家思想，确是持家格言。

明朝大臣庞尚鹏的《庞氏家训》，范围包括务本业、考岁用、遵礼度、严约束、崇厚德、慎典守、端好尚等。明代思想家袁黄为训示儿子写了《训子言》（即著名的《了凡四训》），包括立命之学、改过之法、积善之方、

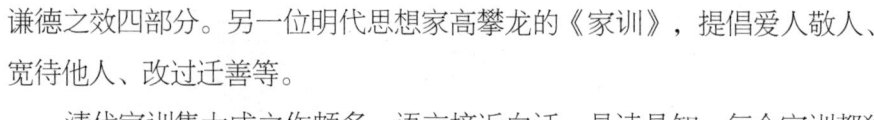

谦德之效四部分。另一位明代思想家高攀龙的《家训》，提倡爱人敬人、宽待他人、改过迁善等。

清代家训集大成之作颇多，语言接近白话，易读易知，每个家训都独立成篇，涉及面广，论理深刻，形式新颖，这是中国古代家训发展的又一个高峰期。清代是一个名家名训迭相辉映的特殊年代，比如张履祥的《训子语》《示儿》，王夫之的《示侄孙生蕃》《示子侄》，康熙的《圣谕广训》《庭训格言》，郑板桥的《谕麟儿》《又谕麟儿》，曾国藩的《曾文正公家训》，左宗棠的《致孝威孝宽》等皆是中国古代家训的上乘之作，是家训中的精品。

《圣谕广训》《庭训格言》是康熙帝口录，雍正演绎、注释编辑而成的。经雍正帝亲定的《圣谕广训》，"意取显明，语多直朴"，曾颁行全国。

朱柏庐的《朱子治家格言》，俗称《朱子家训》，是清代流传很广的家训。由于它荟萃了中国历史上几千年积累而成的治家教子的名言警句，所以一经问世，就成为官宦士绅、殷实富户以及书香门第津津乐道、倾心仰慕的治家良策，成为清代各个不同阶层的家庭端正门风、振烁家声、垂询后代的家训范例。

清代后期，家训文化开始衰落，不过也出现过局部开新的情况。例如洋务派的曾国藩、左宗棠、李鸿章、张之洞、郑观应、严复、梁启超、孙中山等一批能够开眼看世界的人，他们接受了西方资本主义的一些新思想、新观念，表现在对子弟家人的教育指导上，从而为中国传统家训文化带来一股"新风"。近代以来，

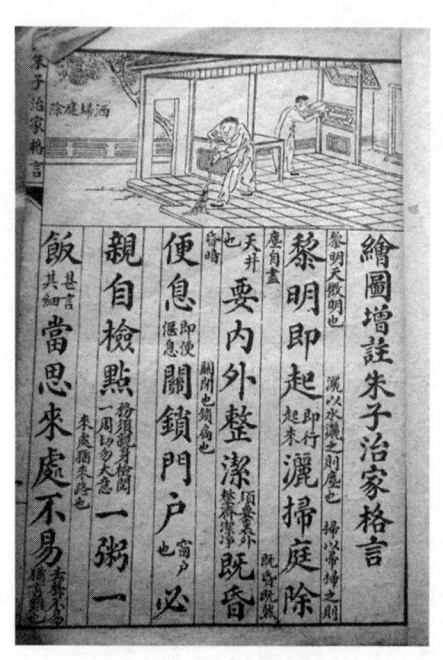

插图本《朱子治家格言》

家族传统观念被看成是一种桎梏，加上受西方思想和现代文化的冲击，家训文化逐渐淡出人们的视野。

六、今天，我们还需要家训吗

在一段历史时期，家族传统观念曾经被看成是一种思想和道德桎梏，加上受西方思想和现代文化的冲击，家训文化的影响力曾呈逐渐减弱态势。在当代中国，虽然家训仍然广泛存在，普通老百姓没有一天不对自己的子弟训诫的，大到遵纪守法，小到让座洗手，几乎无所不包；但实质上，这些所谓的家训大多是社会公德、社会共识和法律法规、政策政令等的重复与具体化，是学校教育、社会教育的附会，多数情况下大家并没有太把它"当回事"。

历史在前进，时代在发展，社会在进步。有人提出，随着现代家庭模式的改变，像以往那样关在一个院门里的大家庭已不多见，家训究竟还有多少现实教育意义？今天我们还需要家训吗？不可否认，一些家训是封建专制主义在家庭教育中的反映，是维护封建等级秩序的工具。但是对于传统家训文化，应当淘沙拣金，批判接受，为我所用。

中国家训是中国传统文化的一个极具特色的有机组成部分，对传统文化，我们应该采取什么样的态度呢？毛泽东同志为我们开出的良方是：

取其精华，去其糟粕；

批判地继承；

古为今用。

中国家训是中国人教诲子孙的教育读本。那些流传下来的家训名作，包含了丰富、深刻的人生哲理和中国人固有的孝亲敬长、睦邻齐家、立志修身、勉学读书、勤俭持家等可贵的品德与精神。我们应该认识、了解、吸取传统家训文化的精华，批判地继承，做到古为今用。

中国历史上许多影响深远的家训总是与历史深远的家庭、家族联系在一起的。每一篇家训，几乎就是一个家庭、一个家族的一首家教史诗。今天的学校教育，大多还是知识与技能教育，但有知识、有技能不一定就有修养，文化高不一定性情好，而性情教育往往是得益于家庭日积月累的熏陶。因此，现代社会的家庭仍不失为基本的家教场所，所以在传承优秀传统家训的基础上，结合各家各户的实际情况，尝试创造一些独具特色的家训，对于促进现代家教、陶冶孩子性情、培养高素质青少年后代，是一件富有意义、富有情趣的事情。

中国家训的道德价值本源来自孔子及其创立的儒学。习近平同志曾在孔子的故乡曲阜说："对历史文化特别是先人传承下来的道德规范，要坚持古为今用、推陈出新，有鉴别地加以对待，有扬弃地予以继承。国无德不兴，人无德不立。只要中华民族一代接着一代追求美好崇高的道德境界，我们的民族就永远充满希望。"

家风和家训对一代又一代人的影响是非常深刻而久远的。据说，美国康涅狄克州有个叫嘉纳塞·爱德华的人，由于他所建立的讲究道德注重修养的家风，使得他的家族在长达 200 年的时间里，八代人中没有一个被关、被捕、被判刑的。而同一时期，在纽约州的马克思·朱安家族，由于家风败坏，100 年时间里的八代人中，竟有 300 多人成了乞丐，400 多人酗酒而亡，63 人被判徒刑，7 人被判死刑。可见家风和家训具有一定的传承性，它有时甚至要影响几代人。所以，要想进行家庭教育，不可不建立起一个良好的家风和家训。

有人说，诗书传家是好的家风；有人说，尊老爱幼应成为家训。无论怎么说，我们的社会需要的就是清白、正面的家风，需要严而有情的家训。不过，家训重在言传身教、耳濡目染、潜移默化，长辈只有以身作则，树立榜样，晚辈才能效仿，家训才能落到实处。

七、家训鉴赏

1. 孔子族规家训

孔氏家族历来重视制定族规家训，其目的是维护家族内部的正常秩序，约束族人的思想行为；孔氏宗族设有族长徇门，由其监督执行宗法族规。

以下 10 条，是孔氏家族于明万历十一年（1583 年）颁布的纲领性族规——《孔氏祖训箴规》。

一、春秋祭祀，各随土宜。必丰必洁，必诚必敬。此报本追远之道，子孙所当知者。

二、谱牒之设，正所以联同支而亲本。各宜父慈子孝，兄友弟恭，雍睦一堂，方不愧为圣裔。

三、崇儒重道，好礼尚德，孔门素为佩服。为子孙者，勿嗜利忘义，出入衙门，有亏先德。

四、孔氏子孙徙寓各州县，朝廷追念圣裔，优免差徭，其正供国课，只凭族长催征，皇恩深为浩大，宜各踊跃输将，照限完纳，勿误有司奏销之期。

五、谱牒家规，正所以别外孔而亲一本。子孙勿得勾相誊换，以混来历宗枝。

六、婚姻嫁娶，理伦首重。子孙间有不幸再婚再嫁，必慎必戒。

七、子孙出仕者，凡遇民间词讼，所犯自有虚实，务从理断而哀矜勿喜，庶不愧为良吏。

八、圣裔设立族长，给与衣顶，原以总理圣谱，约束族人，务要克己秉公，庶足以为族望。

九、孔氏嗣孙，男不得为奴，女不得为婢。凡有职官员不可擅辱，如遇大事，申奏朝廷，小事仍请本家族长责究。

十、祖训宗规，朝夕教训子孙，务要读书明理，显亲扬名，勿得入于流俗，甘为人下。

1989 年中国人民邮政发行的孔子诞辰 2540 周年纪念邮票

　　20 世纪初，《辛丑条约》签订后，全国人民义愤填膺，清朝统治摇摇欲坠。世事纷乱，孔氏家族族规家范日弛，多有嗜利争讼之事，孔子第七十六代孙衍圣公孔令贻依其生活观察和体验，作得《忍讼歌》一阕，规劝族人和世人：

　　世宜忍耐莫经官，人也安然，己也安然。
　　听人挑唆到衙前，告也要钱，诉也要钱。

20

差人奉票又奉签，锁也要钱，开也要钱。

行到州县细盘旋，走也要钱，睡也要钱。

约邻中正日三餐，茶也要钱，烟也要钱。

三班人役最难言，审也要钱，和也要钱。

自古官廉吏不廉，打也要钱，枷也要钱。

唆讼本来是奸贪，赢也要钱，输也要钱。

听人唆讼官司缠，田也卖完，屋也卖完。

食不充口衣不全，妻也艰难，子也艰难。

始知讼害非浅鲜，骂也枉然，悔也枉然。

唆人争讼罪弥天，神也憎嫌，人也憎嫌。

善人自有天照看，害也徒然，告也徒然。

况且人心是一般，他也求安，我也求安。

何不人人息讼端，此也休缠，彼也休缠。

食王水土报恩难，粮也早完，税也早完。

天地亲师德无边，朝也念焉，暮也念焉。

2. 朱柏庐和《朱子家训》

朱柏庐（1617—1688），名用纯，字致一，明末清初昆山（今属江苏）人。著名理学家、教育家。因敬仰晋人王裒"攀柏庐墓"之义，故自号柏庐。著有《治家格言》，世称《朱子家训》《愧讷集》《大学中庸讲义》等。

清顺治二年（1645 年），朱伯庐的父亲在守昆山城抵御清军时遇难。朱柏庐侍奉老母，抚育弟妹，始终未入仕。他一生教授乡里，曾用精楷手写数十本教材用于教学。他潜心治学，以程、朱理学为本，提倡知行并进，躬行实践。所著《朱子家训》是其代表作，全文五百余字，内容简明赅备，文字通俗易懂，朗朗上口，问世以来，成为有清一代家喻户晓、脍炙人口的教子治家的经典家训。

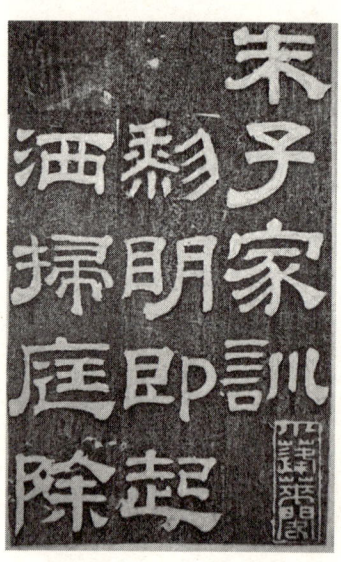

清代黄易隶书石刻拓本《朱子家训》

原文及译文如下：

【原文】

黎明即起，洒扫庭除，要内外整洁；既昏便息，关锁门户，必亲自检点。

【译文】

每天早晨黎明就要起床，先用水来洒湿厅堂内外的地面然后扫地，使厅堂内外整洁；到了黄昏便要休息并亲自查看一下门户有没有上锁。

【原文】

一粥一饭，当思来处不易；半丝半缕，恒念物力维艰。

【译文】

对于一顿粥或一顿饭，我们应当想着来之不易；对于纺织布匹的每条丝线，都该珍惜，体会这些物资的产生之艰难。

【原文】

宜未雨而绸缪，勿临渴而掘井。

【译文】

凡事要先准备，就像没到下雨的时候，要先把房子修补完善；不要到了口渴的时候，才想起来去挖井。

【原文】

自奉必须俭约，宴客切勿流连。

22

【译文】

自己生活上必须节约，聚会在一起吃饭切勿流连忘返。

【原文】

器具质而洁，瓦缶胜金玉；饮食约而精，园蔬愈珍馐。

【译文】

餐具要质朴而干净，虽是用泥土做的瓦器，感觉上也会比金玉制的好；食品要简单精美，即使是自己种的蔬菜，也胜过山珍海味。

【原文】

勿营华屋，勿谋良田。

【译文】

不要营造华丽的房屋，不要设法去买肥沃的田地。

【原文】

三姑六婆，实淫盗之媒；婢美妾娇，非闺房之福。

【译文】

社会上不正派的女人，都是奸淫和盗窃的媒介；美丽的婢女和娇艳的姬妾，对家庭来说并不是福气。

【原文】

童仆勿用俊美，妻妾切忌艳装。

【译文】

家僮、奴仆，不可雇用英俊美貌的，妻、妾切不可有艳丽的妆饰。

【原文】

祖宗虽远，祭祀不可不诚；子孙虽愚，经书不可不读。

【译文】

祖宗虽然离我们年代久远了，祭祀却仍要虔诚；子孙即使愚笨，读书也是必须做的。

【原文】

居身务期质朴，教子要有义方。

【译文】

自己生活简单质朴，以做人的正道来教育子孙。

【原文】

勿贪意外之财，勿饮过量之酒。

【译文】

不要贪恋不属于你的财富，不要喝过量的酒。

【原文】

与肩挑贸易，毋占便宜；见贫苦亲邻，须加温恤。

【译文】

和做小生意的挑贩们交易，不要占他们的便宜；看到穷苦的亲戚或邻居，要关心他们，并且要给他们以金钱或其他的援助。

【原文】

刻薄成家，理无久享；伦常乖舛，立见消亡。

【译文】

对人刻薄而发家的，幸福也不会长久；做事违背伦常的人，很快就会消亡。

【原文】

兄弟叔侄，须分多润寡；长幼内外，宜法肃辞严。

【译文】

兄弟叔侄之间要互相帮助，富有的要资助贫穷的；长辈和小辈礼节要到位，长辈对晚辈言辞应庄重。

【原文】

听妇言，乖骨肉，岂是丈夫？重资财，薄父母，不成人子。

【译文】

听信妇人挑拨，而伤了骨肉之情，哪里配做一个大丈夫呢？看重钱财，而薄待父母，不是为人子女的道理。

【原文】

嫁女择佳婿，毋索重聘；娶媳求淑女，勿计厚奁。

【译文】

嫁女儿，要为她选择贤良的夫婿，不要索取贵重的聘礼；娶媳妇，须求贤淑的女子，不要贪图丰厚的嫁妆。

【原文】

见富贵而生谄容者最可耻；遇贫穷而作骄态者贱莫甚。

【译文】

看到富贵的人，便做出巴结讨好的样子，是最可耻的；遇着贫穷的人，便表现出骄傲的态度，是卑贱不过的。

【原文】

居家戒争讼，讼则终凶；处世戒多言，言多必失。

【译文】

居家过日子，禁止争斗诉讼，一旦争斗诉讼，无论胜败，结果都不吉祥；处世不可多说话，因为言多必失。

【原文】

勿恃势力而凌逼孤寡，勿贪口腹而恣杀牲禽。

【译文】

不可用势力来欺凌压迫孤儿寡妇，不要贪口腹之欲而任意地宰杀动物。

【原文】

乖僻自是，悔误必多；颓惰自甘，家道难成。

【译文】

性格古怪，自以为是的人，必会因常常做错事而懊悔；颓废懒惰，沉溺于不好的喜好，是难以成家立业的。

【原文】

狎昵恶少，久必受其累；屈志老成，急则可相依。

【译文】

亲近不良的少年，日子久了，必然会受牵累；恭敬自谦，虚心地与那些阅历多且善于处事的人交往，遇到急难的时候，就可以受到他们的指导或帮助。

【原文】

轻听发言，安知非人之谮诉？当忍耐三思；因事相争，焉知非我之不是？须平心暗想。

【译文】

他人说长道短，不可轻信，要再三思考，因为你怎么知道他不是来说人坏话呢？因事相争，要冷静反省自己，因为你怎么知道不是自己的过错？

【原文】

施惠勿念，受恩莫忘。

【译文】

对人施了恩惠，不要记在心里；受了他人的恩惠，一定要常记在心。

【原文】

凡事当留余地，得意不宜再往。

【译文】

无论做什么事，当留有余地；得意以后，就要知足，适可而止。

【原文】

人有喜庆，不可生妒忌心；人有祸患，不可生喜幸心。

【译文】

他人有了喜庆的事情，不可有妒忌之心；他人有了灾祸，不可有看笑话的心理。

【原文】

善欲人见，不是真善；恶恐人知，便是大恶。

【译文】

做了好事，而想让他人看见，就不是真正的善人；做了坏事，而怕他人知道，就是真的恶人。

老话说得好

——青少年不可不知的家规家训

【原文】

见色而起淫心，报在妻女；匿怨而用暗箭，祸延子孙。

【译文】

看到美貌的女性而起邪心的，将来会报应到自己的妻子儿女身上；怀怨在心而暗中伤害人的，将会给自己的子孙留下祸根。

【原文】

家门和顺，虽饔飧不继，亦有余欢；国课早完，即囊橐无余，自得至乐。

【译文】

家里和气平安，虽缺衣少食，也觉得快乐；尽快缴完赋税，即使口袋所剩无几也自得其乐。

【原文】

读书志在圣贤，非徒科第；为官心存君国，岂计身家？

【译文】

读圣贤书，目的在学圣贤的行为，不只是为了科举及第；做一个官吏，

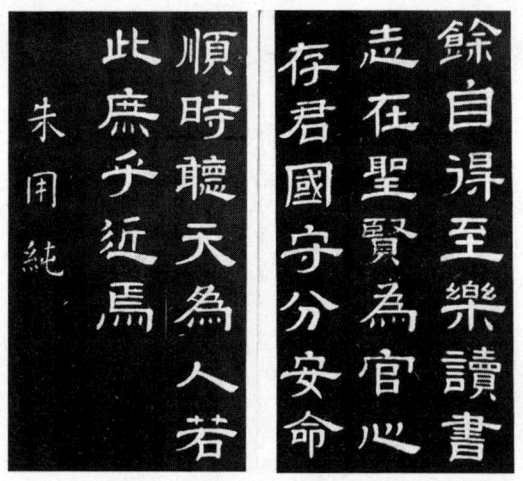

明代朱用纯《朱子家训》拓本

要有忠君爱国的思想，怎么可以考虑自己和家人的享受?

【原文】

守分安命，顺时听天。

【译文】

守住本分，努力工作、生活，上天自有安排。

【原文】

为人若此，庶乎近焉。

【译文】

如果能够这样做人，那就差不多和圣贤做人的道理相合了。

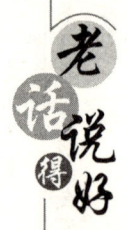

第二章 教子有道，不远不近才正好

提起"道德伦理"，也许青少年会有些逆反。的确，他们已经接受了太多的"道德教化"，如何让伦理成为一种自觉自愿遵循的法则呢？现代人喜欢讲道理，但家庭不是讲道理的地方，更不是打官司的地方。比如，"父子有亲""父慈子孝"。"父慈子孝"，各有原则，父子本来是对等的，然而在中国古代，常常过分强调孩子应孝顺父母的一面。教子人伦不是去训斥，不是去强制，不是试着去改变别人，尤其是自己的孩子，而应该靠引导与以身作则。

一、家训集锦

【原文】

父子之严，不可以狎；骨肉之爱，不可以简。简则慈孝不接，狎则怠慢生焉。由命士以上，父子异宫，此不狎之道也；抑搔痒痛，悬衾箧枕，此不简之教也。

——南北朝颜之推《颜氏家训》

【译文】

父亲要有威严，不应该对孩子过分亲昵；至亲间的相爱，也不应该很随便。如果很随便，那么孩子的孝敬之心就没有了；如果过分亲昵，那么孩子的放肆和不敬之心就会产生。从有身份的人们身上可以看出，他们父子之间都是分室居住的，这就是不过分亲昵的道理；让晚辈替长辈抓搔挠痒，收拾卧具，这就是在教育孩子要讲究礼节。

【原文】

父母威严而有慈，则子女畏慎而生孝矣。吾见世间，无教而有爱，每不能然；饮食运为，恣其所欲，宜诚翻奖，应呵反笑，至有识知，谓法当尔。骄慢已习，方复制之，捶挞至死而无威，忿怒日隆而增怨，逮于成长，终为败德。孔子云："少成若天性，习惯如自然。"是也。俗谚曰："教妇初来，教儿婴孩。"诚哉斯语！

——南北朝颜之推《颜氏家训》

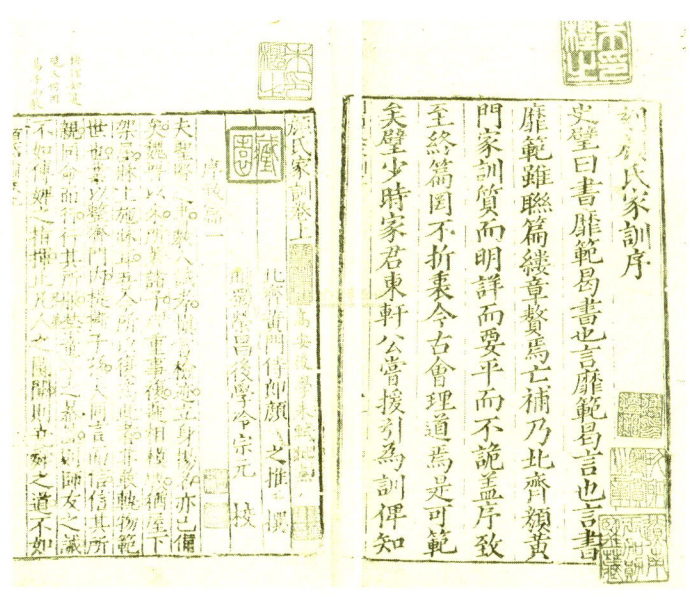

1524 年（嘉靖三年），傅钥刻本《颜氏家训》

【译文】

父母有威严而又慈爱，子女对父母便因畏惧而产生孝敬之心。看到现在不少父母对子女不进行教育而只是一味溺爱，我认为这样做是不对的。这些父母在孩子的饮食及行为方面，总是放纵他们的欲念，应该劝诫的反而夸奖，应该呵斥的反而付之一笑，直到孩子很懂事的时候，还认为教育的方法应该是这样。待孩子骄横傲慢已成习惯，才去制止，这时，就是用棍棒皮鞭把他打死，也不能制约他了。父母只能对孩子增加愤怒和怨恨，孩子长大，最终还是成了一个道德败坏的人。孔子说："小时候形成的品质就像人的天赋一样，养成的习惯就会成为自然的性格。"说的就是这种情况。俗话说："教育新媳妇要在刚过门的时候，教育孩子要在婴儿的时候。"这话多么正确啊！

【原文】

吾观《礼经》，圣人之教：箕帚匕箸，咳唾唯诺，执烛沃盥，皆有节文，亦为至矣。但既残缺，非复全书；其有所不载，及世事变改者，学达君子，自为节度，相承行之，故世号士大夫风操。

——南北朝颜之推《颜氏家训》

【译文】

我看《礼经》一书，上面有圣人的教诲：为长辈清扫痰或者唾液时应该怎样使用簸箕扫帚，进餐时应该怎样选择匙子、筷子，如何点蜡烛，如何洗手洗脸，都有一定的礼仪规范，说得也特别周详。但这部书已经残缺，不再是全本；有些礼仪规范，书上也没有记载，有些则需根据世事的变化做相应调整，博学通达的君子，自己去权衡度量，自己遵行而推行之，因此人们就把这些礼仪规范称为士大夫风操。

【原文】

为人父者，能以他人之不肖子喻己子；为人子者，能以他人之不贤父喻己父，则父慈爱而子愈孝，子孝而父亦慈，无偏胜之患矣。至如兄弟、夫妇，亦各能以他人之不及者喻之，则何患不友、恭、正、顺者哉！

——宋代袁采《袁氏世范》

【译文】

做父亲的，如果能将他人的不肖子与自己的儿子做比较；做儿子的，如果能将他人不贤达的父亲与自己的父亲相比，那么父亲就会慈祥和顺，儿子就会越孝顺；儿子越孝顺，父亲就会越慈爱，这样就避免了偏颇的隐患。至于兄弟、夫妇之间，如果也个个都能以他人的缺点与自己亲人的优点去比较，那么还怕自己的亲人对自己不友爱、不恭敬、不正派、不和顺吗？

【原文】

曾子曰："君子之于子，爱之而勿面，使之而勿貌，遵之以道而勿强言；心虽爱之不形于外，常以严庄莅之，不以辞色悦之也。不遵之以道，是弃之也。然强之，或伤恩，故以日月渐摩之也。"

——北宋司马光《四库全书·家范》

《四库全书·家范》刻本

【译文】

曾子说："君子对于他的子女，喜爱他们却不表露在脸上，支使他们也不露声色，让他们按道理做事情，但又不勉强他们。心里虽然很喜爱他们却不表露出来，常常以严肃庄重的态度对待他们，不用和颜悦色去讨他们喜欢。不教育子女按道理做事，就会把他们引上邪路。然而如果一味地强迫他们做事，又会损伤父子之间的和气。因此对待子女只能靠平时言传身教去慢慢引导他们。"

【原文】

《礼记·内则》曰："子能食食，教以右手。能言，男唯女俞。男鞶革，女鞶丝。六年，教之数与方名。七年，男女不同席，不共食。八年，出入门户及即席饮食，必后长者，始教之让。九年，教之数日。十年，出就外傅，居宿于外，学书计。十有三年，学乐、诵诗、舞勺。成童，舞象、学射御。"

——北宋司马光《四库全书·家范》

【译文】

《礼记·内则》说：孩子会自己吃饭的时候，父母要教他们用右手拿筷子。孩子会说话的时候，要教给他们应答，男孩答"唯"，女孩答"俞"。他们所用的佩囊，男的用皮革，女孩用丝缯，各代表武事和针黹之事。六岁的时候，教他们数数与记住东西南北这些方位的名称。七岁的时候，教给他们男女不能同坐，不能在一起吃东西。八岁的时候，告诉他们谦让之礼，出入门户以及就座进餐，都要在长者之后。九岁的时候，要告诉他们朔望与天干地支的知识。十岁的时候，男孩子就要出去拜师求学，住宿在外边，学习六书九数。十三岁的时候，要学习音乐、诗书和文舞。到了十五岁之后，就要学习武舞、射箭和驾驭车马。

【原文】

为人母者，不患不慈，患于知爱而不知教也。古人有言曰："慈母败子。"

爱而不教，使沦于不肖，陷于大恶，入于刑辟，归于乱亡。非他人败之也，母败之也。自古及今，若是者多矣，不可悉数。

——北宋司马光《四库全书·家范》

【译文】

为人之母，不怕不慈祥，怕的是只知道疼爱子女而不懂得去教育子女。古人说："慈母败子。"母亲溺爱子女却不能教育子女，会使子女沦为坏人，陷入恶迹劣行，最终受到惩罚，引出祸乱，自取灭亡。毁他们的并非他人，恰恰是他们的母亲。从古到今，这样的例子太多了，不可胜数。

【原文】

为人祖者，莫不思利其后世。然果能利之者，鲜矣。何以言之？今之为后世谋者，不过广营生计以遗之。田畴连阡陌，邸肆跨坊曲，粟麦盈囷仓，金帛充箧笥，慊慊然求之犹未足，施施然自以为子子孙孙累世用之莫能尽也。然不知以义方训其子，以礼法齐其家。自于数十年中勤身苦体以聚之，而子孙于时岁之间奢靡游荡以散之，反笑其祖考之愚不知自娱，又怨其吝啬，无恩于我，而厉虐之也。始则欺绐攘窃，以充其欲；不足，则立券举债于人，俟其死而偿之。观其意，惟患其考之寿也。甚者至于有疾不疗，阴行鸩毒，亦有之矣。

——北宋司马光《四库全书·家范》

【译文】

作为祖辈，没有不希望能够造福后代的，可是真能造福后代的却很少。为什么这样说呢？因为如今为后代谋利益的那些人，只懂得多积钱财留给后代儿孙。田地连成一大片，商铺遍布街巷，粮食堆满了仓库，财物塞满了箱子，仍然觉得不够，还继续苦心谋求，这样他们心里就怡然自得，以为子子孙孙世世代代都享用不尽了。但是这些祖辈们却不懂得更重要的是应该用做人的道理来教育子孙，用礼法来管理家庭。他们自己几十年辛勤劳作所积累起来的财富，却被那些没有教养的子孙们在短时间内就挥霍殆

尽。子孙们反过来讥笑祖辈们愚蠢，不会享受，还埋怨祖辈吝啬小气，对他们不好，虐待他们。那些家里广有钱财但又没有得到良好教育的后代子孙，大都是一开始欺骗、盗窃，以满足自己的私欲，不够的时候，就向他人立字据借债，打算等到祖父死后再来还债。仔细考察一下这些子孙们的心思，发现他们只是盼望祖父早死。更有甚者，祖父有病不但不给治疗，反而在暗中投毒，以求早一些得到家里的财产。

【原文】

后生才锐者，最易坏。若有之，父兄当以为忧，不可以为喜也。切须常加简束，令熟读经学，训以宽厚恭谨，勿令与浮薄者游处。自此十许年，志趣自成。不然，其可虑之事，盖非一端。吾此言，后生之药石也，各须谨之，毋贻后悔。

——南宋陆游《陆游家训》

【译文】

小辈中才思敏捷、锋芒毕露的人，最容易变坏。倘若有这样的人，做父兄的应当把这看作忧虑的事，不能把它看作可喜的事。一定要经常加以约束和管教，规定他们熟读儒家经典和诸子百书，训导他们做人必须宽容、厚道、恭敬、谨慎，不要让他们与轻浮浅薄之人来往和相处。从这以后十多年里，志向和情趣自然养成。不这样（的话），值得忧烦的事情不会只有一个方面。我这是给后人防止过错的良言规诫，各位都应该谨慎地对待，以免留下遗憾。

【原文】

何谓敬重尊长？家之父兄，国之君长，与凡年高、德高、位高、识高者，皆当加意奉事。在家而奉侍父母，使深爱婉容，柔声下气，习以成性，便是和气格天之本。

——明代袁黄《了凡四训》

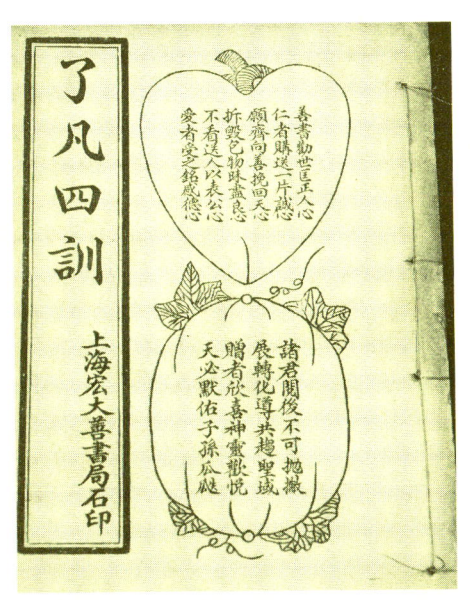

民国时期线装书《了凡四训》

【译文】

什么叫敬重尊长？一家的父亲、兄长，一国的君主、长官，以及年事高、德行高、职位高、识见高的人，都应当小心服侍。在家里服侍父母，要内心深爱，外表和悦，时间久了便成为本性，这就是和气感通上天的根本。

【原文】

幼儿曹，听教诲，勤读书，要孝悌。学谦恭，循礼仪，节饮食，戒游戏。毋诳言，毋贪利，毋任情，毋斗气，毋责人，但自治。能下人，是有志，能容人，是大器。凡做人，在心地，心地好，是良士，心地恶，是凶类。譬树果，心是蒂，蒂若坏，果必坠。吾教汝，全在是，汝谛听，勿轻弃。

——明代庞尚鹏《庞氏家训·训蒙歌》

【译文】

你们小儿辈，要听从教诲，勤奋读书；要尊敬长辈，和睦兄弟；要谦虚恭谨，遵循礼仪；饮食要有节制，少玩一些游戏。不要胡言乱语，不要贪图小利，不要任性斗气，不要一味责备别人，只要自己管好自己就行。能居人下，就是有志气；能宽容别人，就可以终成大器。大凡做人，关键在心地好坏，如果心地善良，那么就是好人；如果心地险恶，那么就是坏人。人的心脏正如果树的花蒂，花蒂如果坏了，果实必定会腐烂坠地。我要教诲你的，都在这里了，你要仔细听着，牢记在心，不要轻易将它抛在脑后。

【原文】

治家贵严，严父常多教子，不严则子弟之习气日就佚惰，而流弊不可胜言矣。故易曰："如吉！"欲严而有威，必本于庄敬，不苟言，不苟笑，故曰"威如之吉"，反身之谓也。

——清代曾国藩《曾文正公全集》

【译文】

治家贵在严格，一般严父对子女的管教就多，不严的话子女就会一天比一天骄佚懒惰，其危害就会很多。所以《易经》上说："威如之吉。"想要既严又威，一定要以庄重为根本，不苟言笑，所以说"威如之吉"，威严治家，才可以获得吉祥，就是这个意思。

民国时期版本《世说新语》

【原文】

谢公夫人教儿，问太傅："那得初不见君教儿？"答曰："我常自教儿。"

——《世说新语·德行篇》

【译文】

谢安的夫人在教导儿子时，追问谢安："为

什么从来不见你教导儿子？"谢安回答说："我常常以自身的言行来教导儿子。"

二、家训故事

1. "半鱼之训"，教子为官

浙江平湖人陆稼书（1630—1692）赶考前，他母亲为了试探儿子有没有不畏权势当清官的思想，想出一个巧妙的方法。他母亲做了一条鲜鱼，陆稼书吃半边余半边，让母亲一会儿吃掉另外半边，他母亲没有吃，而是在晚饭时将鱼翻过来热好又端给儿子。陆稼书问母亲为什么不吃鱼？母亲说："中午我已经吃过了，这条是下午新捕的鲜鱼。"陆稼书说："不会吧，这明显是中午吃剩的鱼啊！"母亲沉下脸："难道妈还骗你不成？"儿子慌忙说道："对不起，我看错了，确实和中午不同，是一条鲜鱼！"母亲这次是真的沉下脸来："你明知是中午剩下的半边鱼，为附和老娘，你弄虚作假，我担心你赶考得中，当官后畏惧权势，践踏王法。你现在就懂得迎合，轻易改变主意，日后怎能为官清正、为民做主？"母亲语重心长地告诫他："我儿一旦为官，须为民做主，这才是娘的好儿子。"陆稼书牢记母训，后来任嘉定、灵寿两县知县，为官清廉，被康熙皇帝誉为"天下第一清廉"。

2. 林语堂的童年

林语堂（1895—1976）是中国现代作家，福建龙溪（今漳州）人。1923年归国，任北京大学英文系教授、北京女子师范大学英文系主任。1936年去美国执教。1954年任新加坡南洋大学校长。1966年回台湾定居。主要作品有《京华烟云》《剪拂集》《暴风雨中的树叶》《当代汉英词典》等。谈到家训，林语堂也有自己的见解，他的文章《童年》里面就写出了浓浓的父爱：

父亲是无可救药的乐天派，感觉灵敏，想象力很强，而且十分幽默。

中国现代作家、语言学家林语堂

在长老会牧师群中，父亲以超进步而知名，当年厦门没有几个小伙子听说过圣约翰大学，他却送孩子到上海接受英文教育。他身材短小精壮，前额突出，配上匀称的下巴和弯曲的胡子。就我记忆所及，我十岁的时候，他已经五十多岁了。最特别的是他在同辈牧师面前的悠然笑貌。他对子女很和气，但是尽量维持老父母的威严，却也不时说个笑话给我们听，或者把一碟菜推到母亲面前，间或夹夹菜给她。

…………

暑假男孩子回来了，家里摇铃上课。父亲是我们的家庭教师。他教我们古诗、古文和一般对句的课程。他讲解古文轻松流利，我们都很羡慕他。我记得十一点左右，二姐看看墙上的日影，总是心不甘情不愿地说："我该去洗衣服了。"

下午她又看看墙上的日影，仿佛自说自话："我该去收衣服了。"晚上我们轮流读《圣经》，转过头来，跪在凳子上祈祷。有时候弟弟睡着了，大姐就骂他"撒旦"或"撒旦的儿子"。我们兄弟姐妹不许吵架，也从来没吵过。大家该"兄友弟恭"。日后在圣约翰大学，我不得不劝弟弟别见人就微笑。他还具有理想主义的气质，看他的来信就知道。他仍然相信，除非人人追随耶稣所指示的道路，世界和平根本无法解决。也许他说得对。他是桂格教派的和平主义者。

3. 周恩来的十条家训

新中国成立后，随着国家建设的开展，周恩来家过去失去联系的一些亲戚纷纷来找他，他们有的想托周恩来帮助办一些事情，这让周恩来很伤脑筋。同时，亲友是不是能够像普通公民一样地遵守国家法纪，不搞任何的特殊？在自己的亲戚和相识的友人中，会不会有人利用自己的影响去谋取一些违背原则的个人私利？这成了周恩来日夜思考的"家庭"问题。周恩来曾专门召集家庭会议，定下"十条家训"：

一、晚辈不准丢下工作专程来看望他，只能在出差顺路时去看看；

二、来者一律住国务院招待所；

三、一律到食堂排队买饭菜，有工作的自己买饭菜票，没工作的由总理代付伙食费；

四、看戏以家属身份买票入场，不得用招待券；

五、不许请客送礼；

六、不许动用公家的汽车；

七、凡个人生活上能做的事，不要别人代办；

八、生活要艰苦朴素；

九、在任何场合都不要说出与总理的关系，不要炫耀自己；

十、不谋私利，不搞特殊化。

周恩来夫妇一向以严于律己著称。邓颖超作为党内元老定级为行政五级，本来无可非议，可是周恩来仍旧要下压一级，按照六级的标准给邓颖超定级别。至于周恩来的侄辈周秉德、周秉健等人，在他生前没有额外沾上一点儿"光"，反倒是因此多受了一些苦。对于孙维世、孙新世这对烈士的女儿，周恩来对她们虽然关爱有加，但也是严格要求，让她们生活在人民中间，从不许她们有一点儿特殊。邓颖超逝世后，有关报纸公布了她生前所写的一份遗书，里面就谈到了周恩来的家训：

....

二、对周恩来同志的亲属、侄儿女辈，要求党组织和有关单位的领导和同志们，勿因周恩来同志的关系，或对周恩来同志的感情出发，而不去依据组织原则和组织纪律给予照顾安排。这是周恩来同志生前一贯执行的。我也坚决支持的。此点对端正党风，是非常必要的。我无任何亲戚，唯一的一个远房侄子，也很本分，从未以我的关系提任何要求和照顾。……

这是多么感人的家训，这是多么清白的人生！

三、家训自悟

色难。有事，弟子服其劳；有酒食，先生馔。曾是以为孝乎？

——《论语·为政》

亲亲，仁也；敬长，义也。

——《孟子·尽心上》

孝子之养也，乐其心，不违其志。

——《礼记》

祭而丰不如养之厚，悔之晚何若谨于前。

——《格言联璧》

天地之性，人为贵；人之行，莫大于孝，孝莫大于严父。

——《孝经·圣至章》

养子弟如养芝兰，既积学以培植之，又积善以滋润之。……富者之教子须是重道，贫者之教子须是守节。

——宋代家颐《教子语》

父母呼，应勿缓；父母命，行勿懒。

——清代李毓秀《弟子规》

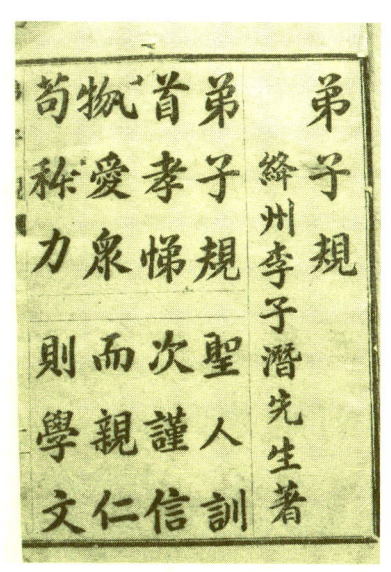

旧书《弟子规》

多言宜戒，直言亦不可率发。惟善人能受尽言，善人岂可多得哉？

——清代汪辉祖《双节堂庸训》

第三章　构建和谐社会
从构建和谐家庭着手

　　"修身、齐家、治国、平天下"始终是儒家伦理教化的重点任务与宏伟目标。其中，"齐家"是这一思想的重要环节之一，是"治国""平天下"的前提和基础。综观历代的家训，几乎篇篇都提及"敦宗睦族"。《论语·卷四》有《里仁》篇，是专门讲述里巷中人举止道德的篇章，主要阐述了邻里之间关系的重要性。中国自古有"千金易得，善邻难求""远亲不如近邻，近邻不如对门"之说，邻里关系是我国一种重要的人伦关系。家庭是社会的细胞，构建和谐社会须从家庭着手，而良好的邻里关系则是构建和谐家庭、和谐社会的重要一环。

一、家训集锦

【原文】

　　今有不才之子，父母怒之弗为改，乡人谯之弗为动，师长教之弗为变。夫以父母之爱，乡人之行，师长之智，三美加焉而终不动，其胫毛不改；州部之吏，操官兵，推公法而求索奸人，然后恐惧，变其节，易其行矣。故父母之爱不足以教子，必待州部之严刑者……

——先秦韩非子《韩非子·五蠹》

【译文】

　　现在有一些不成器的孩子，父母对他们发怒，他们也不改正；人们对他们呵责，他们也不动心；老师对他们教育，他们也不改变。凭着父母的慈爱、乡人的德行以及老师的智慧这三种有利条件，而他们却仍然一点也不改变，只有当地方官员带着士卒按照法律搜捕罪犯时，他们才害怕起来，从而改变他们的习惯和行为。所以父母的慈爱是达不到教育子女的目的的，而必须依靠官府的刑罚。……

【原文】

母侧听，母噭应，母淫视，母怠荒。游母倨，立母跛，坐母箕，寝母伏，敛发母髢，冠母免，劳母袒，暑母褰裳。

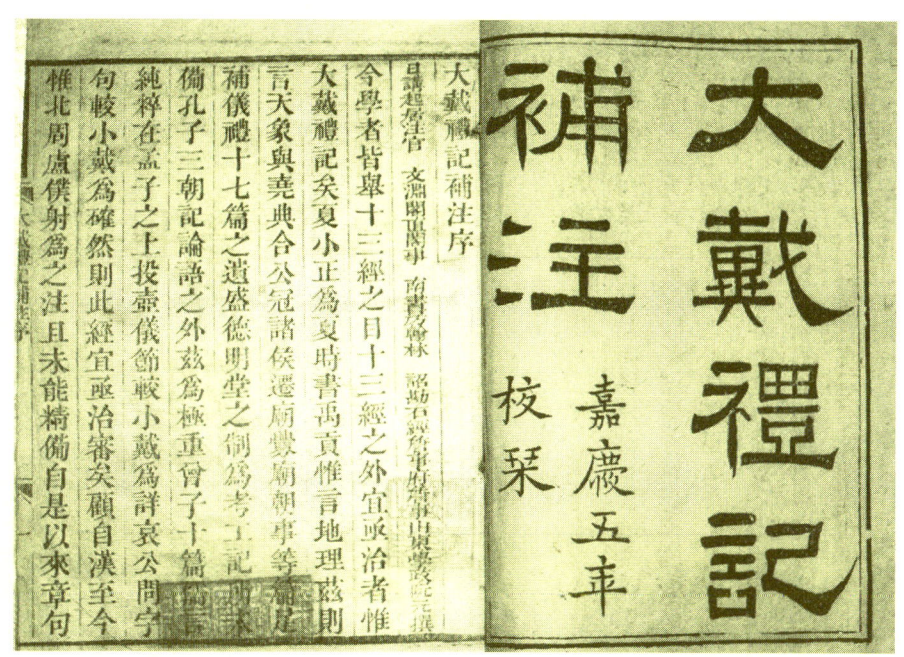

清代嘉庆五年（1800年）刻本《礼记》

——西汉时期戴圣《礼记·曲礼上》

【译文】

不要侧着耳朵做出想探听他人隐私的样子；不要粗声粗气地与人说话；

看东西时，眼珠不要四处乱转；待人接物时，不可摆出怠慢的样子。走路时不要摇摇晃晃；站立时不要一脚长一脚短地歪着身子；坐着的时候不要把双腿叉开向前伸出，像个簸箕似的；睡觉时不要趴着睡；平时要把头梳扎好，不要让头发披散下来；头上的帽子不要随便取下；劳动的时候，出汗也不要袒身露体；就是在大热天，也不要掀起衣裙，这样不雅观。

【原文】

《大学》曰："古之欲明明德于天下者，先治其国；欲治其国者，先齐其家；欲齐其家者，先修其身；欲修其身者，先正其心；欲正其心者，先诚其意；欲诚其意者，先致其知；致知在格物。物格而后知至，知至而后意诚，意诚而后心正，心正而后身修，身修而后家齐，家齐而后国治，国治而后天下平。自天子以至于庶人，一是皆以修身为本。其本乱而末治者，否矣，其所厚者薄，而其所薄者厚，未之有也！"此谓知本，此谓知之至也。所谓治国必先齐其家者，其家不可教而能教人者，无之。故君子不出家而成教于国。

——北宋司马光《四库全书·家范》

【译文】

《大学》一书中说："古代那些想在天下彰明德行的人，必须治理好他的国家；想要治理好国家，必须先管理好家政；想管理好家政，必须先提高自己的修养；想要提高自己的修养，必须先端正自己的心；想要端正自己的心，必须先有一个诚恳的态度；想要有诚恳的态度，必须先有知识和才智；想获得知识就必须去探求事物的道理。通过探求事物的道理获得知识，有了知识就会产生诚恳的态度，有了诚恳的态度就会端正自己的心意，心意端正就能够提高自己的修养，提高了自己的修养就能够管理好自己的家，能够管理好自己的家就能够治理好国家，先治理好国家就能够平定整个天下。上到皇帝，下到百姓，都要将提高自己的修养作为根本。本乱而末治是不可能的，想把本来应该厚实的东西用薄的来代替，而把本来应该薄的东西用厚的来代替，都是不可能的！"这才是抓住了事物的根本，这才是最高的知识和智慧。所谓想治理好国家必须先管理好自己的家，意思是说，连家都管理不好，而想去治理国家，这是不可能的。所以君子不出家门就教化了全国的人。

【原文】

孔子曰："不爱其亲而爱他人者，谓之悖德；不敬其亲而敬他人者，谓之悖礼。以顺则逆，民无则焉，不在于善，而皆在于凶。德虽得之，君子不贵也。故欲爱其身而弃其宗族，乌在其能爱身也？"

——北宋司马光《四库全书·家范》

【译文】

孔子说："不爱自己的亲人却去爱别人，这就是违反道德；不敬重自己的亲人而敬重别人，这就是违反礼法。君王教育百姓遵从父母，自己却违反道德礼法，这样百姓就会无所适从。凡是不敬重自己的父母、一味地违背道德礼法的人，即使再讲究德行，君子也不会去敬重他。一个人想爱护自己，却抛弃自己的宗族，那又怎么能够做到爱护自己呢？"

【原文】

张公艺，郓州寿张人，九世同居，北齐、隋、唐，皆旌表其门。麟德中，高宗封泰山，过寿张，幸其宅，召见公艺，问所以能睦族之道。

公艺请纸笔以对，乃书"忍"字百余以进。其意以为宗族所以不协，由尊长衣食，或者不均；卑幼礼节，或有不备；更相责望，遂成乖争；苟能相与忍之，则常睦雍矣。

——北宋司马光《四库全书·家范》

【译文】

张公艺是唐代郓州寿张人，他家九代聚居，北齐、隋朝、唐朝都表彰过他的家族。麟德年间，唐高宗到泰山封禅，经过寿张时，驾临张公艺家。高宗召见张公艺，问他家庭能够和睦的方法。张公艺拿来纸笔，在纸上写

元初画家李衎楷书《张公艺传》

了100多个"忍"字进呈给高宗皇帝。他的意思是说，有的家族之所以不能和睦协调地相处，或者是因为家长分派衣食不公平，或者是因为上下尊卑的礼节有疏漏，这样，家庭内部互相责备，产生怨恨，便形成了矛盾和争斗。倘若家人都能够互相忍让，那么家族成员就能和睦相处了，整个家族也能长盛不衰。

【原文】

夫人爪之利，不及虎豹；膂力之强，不及熊罴；奔走之疾，不及麋鹿；飞飏之高，不及燕雀。苟非群聚以御外患，则反为异类食矣。是故圣人教之以礼，使之知父子兄弟之亲。人知爱其父，则知爱其兄弟矣；爱其祖，则知爱其宗族矣。如枝叶之附于根干，手足之系于身首，不可离也。岂徒使其粲然条理以为荣观哉！乃实欲更相依庇，以捍外患也。

吐谷浑阿豺有子二十人，病且死，谓曰："汝等各奉吾一支箭，将玩之。"俄而命母弟慕利延曰："汝取一支箭折之。"慕利延折之。又曰："汝取十九支箭折之。"慕利延不能折。阿豺曰："汝曹知否？单者易折，众则难摧。戮力一心，然后社稷可固。"言终而死。

——北宋司马光《四库全书·家范》

【译文】

人的爪牙再锋利，也比不上虎豹；力量再强大，也比不上熊罴；跑得再快，也比不上麋鹿；飞得再高，也不及燕雀。如果不是靠大家的力量来抵御外患，就会被其他动物吞食。因此贤德之人教给人们礼法，告诉人们父子兄弟应该相亲相爱。一个人如果爱戴他的父亲，就同样会爱他的兄弟；

热爱他的祖先，就同样会爱他的宗族。人与自己家族的关系，就如同枝叶同源，身体上的手脚，不可分离，哪里只是为了好看以达到表面上的荣耀呢？实在是希望互相保护，抵御外敌啊！

吐谷浑（指西晋至唐朝时期位于祁连山脉和黄河上游谷地的一个古代国家）的国王阿豺有二十个儿子，他患病快死的时候对儿子们说："你们各拿一支箭给我，我要玩个游戏。"一会儿对弟弟慕利延说："你拿一支箭来折断它。"慕利延折断了，阿豺又说："你去拿十九支箭来，将其折断。"慕利延却不能折断。这时阿豺对儿子们说："你们知道吗？一支箭很容易折断，众多的箭在一起，就难以折断，只要你们同力同心，国家就可以稳固。"阿豺说完这些话就死了。

【原文】

兄弟不睦，则子侄不爱；子侄不爱，则群从疏薄；群从疏薄，则僮仆为仇敌矣。如此，则行路皆踏其面而蹈其心，谁救之哉？人或交天下之士，皆有欢爱，而失敬于兄者，何其能多而不能少也！人或将数万之师，得其死力，而失恩于弟者，何其能疏而不能亲也！

——南北朝颜之推《颜氏家训》

吐谷浑时期的鎏金凤鸟

【译文】

兄弟之间如果不能和睦，子侄之间就不能互相爱护；子侄之间如果不互相爱护，家庭中的子弟辈们就会关系疏薄；如果子弟辈们关系疏薄，那童仆之间都可能成为仇敌。这样，过往路人都可以任意欺辱他们，谁能够救助他们呢？有的人却能够结交天下之士，相互之间都能快乐友爱，而对自己的哥哥却缺乏敬意，为什么对多数人可以做到的，而对少数人却不行呢！有人能统领几万军队，使部下将士以死效力，而对自己的弟弟却缺乏恩爱，为什么对关系疏远的人能够做到的，对关系亲密的人却做不到呢！

【原文】

高年之人，乡曲所当敬者，以其近于亲也。然乡曲有年高而德薄者，

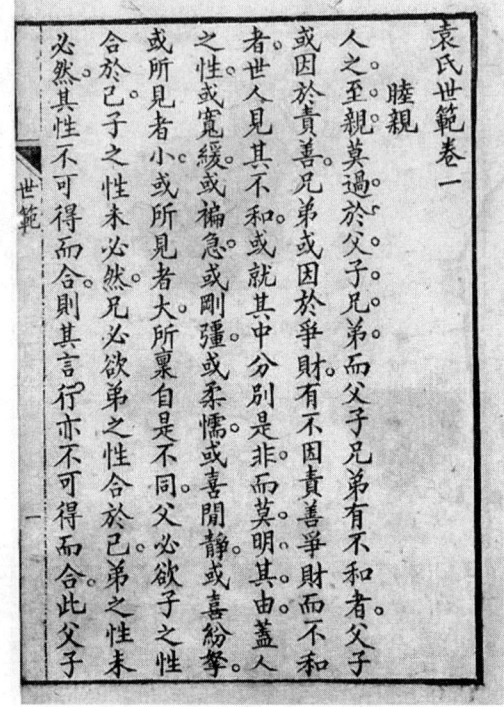

旧刻本《袁氏世范》

50

谓刑罚不加于己，轻詈辱人，不知愧耻。君子所当优容而不较也。

——宋代袁采《袁氏世范》

【译文】

年纪大的人，在乡里之所以受人尊敬，是因为他们在年龄和经历上都和自己的父母相近。然而乡里也有年纪虽高而品德修养不够好的人，认为刑罚施加不到自己身上，动不动就侮骂别人而不知道惭愧羞耻。君子对这样的人应该宽容，不去与他们计较。

【原文】

骨肉之失欢，有本于至微而终至不可解者。止由失欢之后，各自负气，不肯先下尔。朝夕群居，不能无相失，相失之后，有一人能先下气，与之话言，则彼此酬复，遂如平时矣。宜深思之。

——宋代袁采《袁氏世范》

【译文】

亲人之间不和睦，原因往往是源自细小琐碎之事，却最终导致了终生失和。终生失和的原因恐怕是失和之后，彼此各怀气愤，谁也不肯先提出和解，谁也不肯认输。人与人朝夕相处在一起，不可能没有相互失礼之处，倘若其中的一人能够先主动讲和，与对方平心静气地把话说开，那么彼此的关系就会恢复，达到和好如初的目的。这个道理值得深思。

【原文】

应亲戚故旧有所假贷，不若随力给与之。言借，则我望其还，不免有所索。索之既频，而负偿冤主反怒曰：“我欲偿之，以其不当频索。”则姑已之。方其不索，则又曰：“彼不下气问我，我何为而强还之？”故索而不偿，不索亦不偿，终于交怨而后已。盖贫人之假贷，初无肯偿之意，纵有肯偿之意，亦何由得偿？

或假贷作经营，又多以命穷计绌而折阅。方其始借之时，礼甚恭，言甚逊，其感恩之心可指日以为誓，至他日责偿之时，恨不以兵刃相加。凡亲戚故旧，因财成怨者多矣。俗谓"不孝怨父母，欠债怨财主"。不其念其贫，随吾力之厚薄，举以与之。则我无责偿之念，彼亦无怨于我。

——宋代袁采《袁氏世范》

【译文】

碰上亲戚朋友向你求借钱财器物，不如估计自己的富裕程度后，无偿地送给他些。如果说借给他，那么你便存有期望他偿还的心思，免不了日后向他索要。可索要的次数一多，求借者反而会心生恼怒，说："我本来就想还你的，可是你不应当频频索要啊！"如此你也只好按下不提。如果你不去索要，他又会说："人家又没透露一点要我还的意思，我又为什么一定要忙着还呢！"因此你索要他不会偿还，不索要他同样不会还，到最后会闹到双方结下怨恨而不可收拾。大凡生活窘迫的人来求借，一开始便没有要偿还的意思，即使有肯偿还的意思，又用什么来偿还？

有人借钱是作为做生意之类的资本，可大多数会因为命中注定要受穷，再加上经营不善而血本无归。当初他求借之时，礼貌恭敬，感恩戴德之心使他可以信誓旦旦，承诺很多，到了以后该偿还之时，心里恨不得把债主的头砍下来。在亲戚朋友之间，由于钱财上的借贷而成仇人的事情很多。俗话说："儿子不孝顺父母，那是父母教育的过错。借债人久借不还，则要怪债主。"与其这样，倒不如体恤他家境贫寒，依据自己的财力大小，无偿地送给他些钱物。这样，我不指望他归还，他也不会有什么不好的想法而与我结怨了。

【原文】

亲戚故旧，人情厚密之时，不可尽以密私之事语之，恐一旦失欢，则前日所言，皆他人所凭以为争讼之资。至有失欢之时，不可尽以切实之语加之，恐忿气既平之后，或与之通好结亲，则前言可愧。大抵忿怒之际，最不可指其隐讳之事，而暴其父祖之恶。吾之一时怒气所激，必欲指其切实而言之，不知彼之怨恨深入骨髓。古人谓"伤人之言，深于矛戟"是也。俗亦谓"打人莫打膝，道人莫道实"。

——宋代袁采《袁氏世范》

【译文】

亲戚朋友，故交旧识，即便在彼此关系融洽感情深厚的时候，也不可以把自己的隐私全部告诉他们，恐怕一旦双方关系恶化，那么从前所说的话就成了他人和你争讼时的证据。在和人关系恶化的时候，也不要用太过分的言辞侮辱人家，因为怒气平息之后还要和他恢复以前的友好关系，甚至可能结为亲戚，那样从前所说的话可就会令人惭愧了。一般来说，在发怒的时候，切不可揭露别人避讳的事情，或暴露别人祖辈、父辈所做过的恶事，我们可能被一时的怒气所驱使，一定要揭露人家的短处来攻击人家，却不知道人家对我们的怨恨由此而深入骨髓。古人说："言语对人的伤害，比长矛剑戟还要厉害。"说得很对啊！俗话也说："打人莫打膝，说人莫揭短。"

【原文】

居宅不可无邻家，虑有火烛，无人救应。宅之四围，如无溪流，当为池井，虑有火烛，无水救应。又须平时抚恤邻里有恩义，有士大夫平时多以官势残虐邻里，一日为仇人刃其家，火其屋宅。邻里更相戒曰："若救火，火熄之后，非惟无功，彼更讼我，以为盗取他家财物，则狱讼未知了期。若不救火，不过杖一百而已。"邻居甘受杖而坐视其大厦为灰烬，生生之具无遗。此其平时暴虐之效也。

——宋代袁采《袁氏世范》

【译文】

你居住的家，周围不可没有邻居。不然的话，一旦遇有火灾，就没有人前来救应。住宅的周围，如果没有溪流，应该挖个水池或水井，否则，一旦不慎失火，就没有水用来扑火。此外，与邻居相处还应该在平

时与邻里搞好关系。有位士大夫平日依仗权势残害相邻。一天，有仇人来杀他的家人，烧他的房子，邻居不但不救，反而互相告诫说："如果大家去救火，火被扑灭后，不但没有功劳，反而还要被诬告偷了他家的钱财，那样官司不知要打到什么时候。如果我们不去救火，顶多被打一百杖而已。"对这样的人家，邻居们甘愿被杖打一百，也不愿意去救火，而眼看着他的家化为灰烬，生活用具一件也没剩。这是他平日残害邻居百姓的后果。

【原文】

世有无知之人，不能一概礼待乡曲，而因人之富贵贫贱设为高下等级。见有资财有官职者则礼恭而心敬。资财愈多，官职愈高，则恭敬又加焉。至视贫者，贱者，则礼傲而心慢，曾不少顾恤。殊不知彼之富贵，非吾之荣，彼之贫贱，非我之辱，何用高下分别如此！长厚有识君子必不然也。

——宋代袁采《袁氏世范》

【译文】

世上有一些见识少的人，在对待乡亲时不是一视同仁，而是根据富贵贫贱划分等级，见到有钱有官职的就礼貌恭敬。钱财越多，官职越高，就越是恭敬。而见到贫穷的、没地位的乡亲，就态度傲慢，看不起对方，也很少去关照、周济他们。殊不知，别人的富贵并不是自己的荣耀，别人的贫贱也不是自己的耻辱，又何必因他的富贵贫贱而用不同的态度对待！有德行、有见识的人决不会这么做。

【原文】

人有小儿，须常戒约，莫令与邻里损折果木之属。人养牛羊，须常看守，莫令与邻里踏践山地六种之属。人养鸡鸭，须常照管，莫令与邻里损啄菜茹六种之属。有产业之家，又须各自勤谨。坟茔山林，欲聚丛长茂荫映，须高其墙围，令人不得逾越。园圃种植菜茹六种及有时果去处，严其篱围，不通人往来，则亦不致临时责怪他人也。

——宋代袁采《袁氏世范》

【译文】

有小孩子的人家，必须经常告诫、约束自己的孩子，不要让他到邻居家损折果木等植物。饲养牛羊的人家，一定要看好自己的牛羊，不能让它们跑到邻居家地里践踏、破坏庄稼。饲养鸡鸭的人家，必须照看、管理好自己的鸡鸭，不要让它们到邻居家的菜地里去啄损蔬菜。拥有家业的人家，必须勤劳谨慎地守护家业。坟地、山林要想绿树成荫、郁郁葱葱，必须砌起高高的围墙，使人不能翻越进来。菜园、苗圃里种植蔬菜及各种果类时，要围好篱笆，不能让人通行，这样就不至于出事后责怪他人了。

【原文】

世间轻财好施之子，每到骨肉，反多悭吝。其说有二：他人蒙惠，一丝一粒，连声叫感，至亲视为固然之事，一不堪也。他人至再至三，便难启口；至亲引为久常之例，二不堪也。他到此处，正如哑子吃黄连，说苦不得。或兄弟而父母高堂，或叔侄而翁姑尚在，一团情分，利斧难断，稍有念头防其干涉，杜其借贷，将必牢拴门户，很作声气，把天生一副恻怛心肠，盖藏殆尽，方可坐视不救。如此，便比路人仇敌，更进一层。岂可如此？汝深记我言。

——明代陆氏《温氏母训》

【译文】

世间那些乐善好施的人，每当自己的亲骨肉需要帮助时，却会变得愤怒、悭啬起来。按照他们自己的说法，原因有两个：外人蒙受了哪怕是一丝布、一粒米的恩惠，也会连声感谢，而自家亲友得到好处都会认为是理所应当，这是令他们无法忍受的第一个原因；外人在一而再、再而三地得到帮助后，便很难再开口求人了，可亲友们对开口求人却是习以为常，这是第二个令他们无法忍受的原因。然而，虽然无法忍受，却又像哑巴吃黄

老话说得好

——青少年不可不知的家规家训

民国时期出版的《温氏母训》

连——有苦说不出。如果父母和公公婆婆依然健在，那么，这时兄弟或叔侄之间的情分是很难斩断的。如果在兄弟或叔侄之间，有钱的一方有了不愿帮助穷亲戚的念头，那么，为了防止健在的长辈出面干涉、劝说，也为了杜绝亲戚借贷的希望，他势必会紧闭门户，恶声恶气地对人，把天生的一副好心肠彻底掩藏起来。只有做到这点，他才有可能对亲戚的困难坐视不救。也正因为如此，双方结下的仇怨，要比与外人结下的仇怨更加深重。亲友之间岂能如此行事！你们一定要牢记我说过的话。

【原文】

　　吾家既以孝义表门，所习所行，无非积善之事，子孙皆当体此，不得妄肆威福，图胁人财，侵凌人产，以为祖宗积德之累。违者以不孝论。

——明代郑文融《郑氏规范》

【译文】

　　我们家中既然以孝义著称，所作所为，无非是积累善行一类的事，子孙们应当考虑到这一点，不得妄自肆意作威作福，图谋威胁侵占别人的钱财，以成为祖先所积德行的累患。凡是违背这一条的，以不孝论处。

【原文】

吾居官爱名节，未尝贪取肥家，今家中所存基业，皆祖父母苦苦积累，且吾此番消费太半。吾向有誓，愿兄弟三分，必不多取一亩一粒，汝视伯如父，视寡婶如母，即有祖父母之命，毫不可多取，以负吾心。

——明代李应升《碧血录·付逊之儿手笔》

【译文】

我做官非常爱惜名声，也没有贪赃枉法。如今家中所存田产，都是祖父母辛勤积累，况且为我此次灾祸消费过半。我一直有个心愿，兄弟三人分家，一定不多要一亩田一粒谷。你视伯伯如父，视寡婶如母，即使有祖父母的命令，你也不能多要分毫，以免辜负我的志愿。

【原文】

田地财物，得之不以义，其子孙必不能享。古人造"钱"字，一金二戈，盖言利少而害多，旁有劫夺之祸。其聚也，未必皆以善得之；故其散也，奔溃四出，亦岂能以善去，殃其身及其子孙。多藏必厚亡，老子之名言，信矣。人生福禄自有定分，惟择其理之所当为、力之所能为者，尽其在我，俟命于天。此心知足，虽蔬食菜羹，终身有余乐，苟不知分量，曲意求盈，虽欺天罔人而不顾，有不颠覆者乎？若能勉给岁月，不以饥寒遗子孙，此身之外，皆为长物，何自苦为？

——明代庞尚鹏《庞氏家训·严约束》

【译文】

田产财物，凡是得来不正当的，他的后代一定不能享用。古人创造"钱"字，一金二戈，大意是说得利少而害处多，隐伏着被劫掠的灾祸。钱得来时未必是用正当的方式，所以花起来也是大把大把地挥霍，又怎么会用到

正当的地方？这些钱一定会殃及子孙。钱积聚得越多灾祸就越大，这是老子的名言，确实如此啊！人生的福气和财富由天而定，只需要按道理而行，只管去努力，其他的则听命于天。只要心中知道满足，吃的虽然是蔬食菜汤，但却能终生其乐无穷。如果不知轻重，刻意追求大富大贵，一味欺天骗人而不顾其他的人，哪有不灭亡的道理呢？如果能勉强度日，不让子孙挨饿受冻，除了自己的身体之外，其他都是多余的东西，又何必自讨苦吃呢？

【原文】

教子工夫，第一在齐家，第二方在择师。若不能齐家，则其子自孩提以来，爱憎謇笑，必有不能一轨于正者矣。虽有良师，化诲亦难。

——清代陆世仪《陆桴亭思辨录》

【译文】

教育子弟的功夫，第一在于整肃家庭，第二才在于选择好的老师。如果不能整肃家庭，那么，子弟从小到大，他的思想感情和行为举止必定不合正道，那么以后即使请了再好的老师，也很难将他教导训化过来。

【原文】

夫家和则福自生。若一家之中，兄有言弟无不从，弟有请兄无不应，和气蒸蒸而家不兴者，未之有也；反是而不败者，亦未之有也！

——清代曾国藩《曾文正公全集》

【译文】

家庭和睦自然就会带来福气。如果一家之中，对哥哥说的话做弟弟的无不听从，对弟弟的请求哥哥无不答应，如此和气蒸腾而家庭仍不兴旺的，还没有见过；与此相反而家庭不衰败的，也还没有过。

【原文】

余与沅弟论治家之道，一切以星冈公为法，大约有八字诀。头四字，即上年所称"书蔬鱼猪"也；又四字则曰"早扫考宝"。早者，起早也；扫者，扫屋也；考者，祖先祭祀，敬奉显考、王考、曾祖考，言考而妣可该也；宝者，亲族乡里，时进周旋，贺喜丧，问疾济急。星冈公尝曰："人待人，无价之宝也。"星冈公生平于此数端，最为认真，故余戏为八字诀曰"书蔬鱼猪，早扫考宝"也。此言虽涉谐谑，而拟即写屏上，以祝贤弟夫妇寿辰，使后世子孙知吾兄弟家教，亦知吾兄弟风趣也。弟以为然否？

——清代曾国藩《曾文正公全集》

【译文】

我与沅弟讨论治家之道，一切都以星冈公所定的办法为准，大约有八字诀。头四个字，即上年所说的书、蔬、鱼、猪；另有四个字称早、扫、考、宝。早就是早起，扫就是扫屋，考就是祭祀祖先，敬奉显考、王考、曾祖考，说考也就包括妣；宝，就是亲族和乡里之人，经常互相来往，贺喜吊丧，询问疾病，同济急难。星冈公曾经说："人待人是无价之宝。"星冈公生前对于这些事都极为认真，所以我把它总结为"书蔬鱼猪，早扫考宝"。这句话虽然近于谐谑，但我想把它写在屏上，以祝贺你们夫妇的寿辰，使后世的子孙知道我们兄弟的家教，也知道我们兄弟的风趣。你认为对吗？

【原文】

昔吾祖星冈公，最讲治家之法：第一起早，第二打扫洁净，第三诚修祭祀，第四善待亲族邻里。凡亲族邻里来家，无不恭敬款接，有急必周济之，有讼必排解之，有喜必庆贺之，有疾必问，有丧必吊。此四事之外，于读书种菜等事，尤为刻刻留心。故余近写家信，常常提及"书蔬鱼猪"四端者，盖祖父相传之定法也。

中国近代政治家、晚清名臣曾国藩

尔现读书无暇，此八事纵不能一一亲自经理，而不可不识得此意。请朱运四先生细心经理，八者缺一不可。

——清代曾国藩《曾文正公全集》

【译文】

过去我的祖父星冈公，最讲究治家的规矩：第一要早起，第二要把房子打扫干净，第三要虔诚祭祀，第四对亲族邻居要善待。凡是亲戚邻居来我家，都是恭敬接待，有急难一定会周济，有官司一定帮助调解，有喜事必表示庆贺，有疾病一定去慰问，有丧事必去吊唁。除了这四件事之外，对于读书种菜等事情，尤其时刻留意。所以我近来写家信，常常提到"书、蔬、鱼、猪"这四者，因为这是祖父传下来的规矩。你现在一心读书，没有空暇，这八件事即使自己不能一一亲自料理，但对此都要存心。请朱运四先生对此细心料理，这八件事缺一不可。

二、家训故事

1. 杨万里的妻子实践"修德"

南宋诗人杨万里的妻子在古稀之年，每到天寒时，天不亮就早早起来，然后进厨房生火、烧水、煮粥。满满的一大锅粥要熬上很长时间，杨夫人每次都耐心地等着。粥香顺着热气渐渐充满了厨房，飘到了院子里；院子的另一边，仆人们伴着这熟悉的香气陆续起床，洗漱完后，来到厨房，并接过杨夫人盛起的热粥喝了起来。

杨夫人的儿子杨东山看到母亲忙碌的身影，很是心疼。一次，他劝母亲说："天气这么冷，您又何苦这么操劳呢？"杨夫人语重心长地说："他们虽是仆人，也是各自父母所牵挂的子女。现在天气这么冷，他们还要为家里做活。让他们喝些热粥，心中有些热气，这样干起活来才不会伤身体。"

杨夫人的善意举动人人都可实践。她通过一件小事便实践了"修德"的精神。所以，所谓"大德"皆是日常生活中的小小善意积累而成。同时，杨夫人能设身处地为别人着想，既教育了儿子，也温暖了仆人们的心。可见如果人人都能实践道德，不但能够提高自身品德修养，而且可以感化周围的人，使善的力量遍及人间。

2. 对待家人须宽宏大量

隋朝时，有个叫牛弘的人，学识很渊博。他的弟弟牛弼却时常酗酒闹事。一次牛弼喝多了酒，酒后将牛弘驾车用的牛给射死了。

牛弘外出回家后，他的妻子向他诉苦："叔叔喝醉了酒耍酒疯，将牛射死了。"牛弘听了，什么也没问，只是说将牛肉做成肉脯算了。他妻子做完肉脯之后又提杀牛一事，牛弘却说："剩下的做汤。"过一会儿他妻子又唠叨杀牛的事，这时牛弘才说道："我已经知道了。"一点没有生气的样子，脸色像平时一样温和，甚至连头也没抬，继续看他的书。

妻子见丈夫这样大度，感到很惭愧，从此以后再也不提杀牛的事了。因此，牛家上下一团和气，再也听不到闲言碎语，牛弼也因此收敛了许多。

宽宏大量，不仅能使家庭和睦，还能使许多看似严重至极的事轻易化解。

唐代宗的女儿升平公主嫁给郭子仪之子郭暖为妻。由于年轻气盛，郭暖时常与公主发生口角，公主也不甘示弱。一次，郭暖说："你仗着父亲是天子，但是天下还是靠我父亲平定的呢，没我父亲，你父亲也当不好天子。"公主听了大怒，赶紧乘车回宫告诉代宗去了。

唐代宗听后，知道打架没好手，骂人没好口，夫妻之间过火的话不能当真，就责备升平公主说："此中道理，非你所知。没有他父亲的赫赫战功，这个天下说不定属于谁呢！"然后安慰公主一番，叫她回去。

郭子仪听说了，认为郭暖得罪了公主，说的话也很过分，就把郭暖绑起来，带他上殿去请罪。代宗见状，说道："民间有句谚语说：'不痴不聋，不当老公公。'儿女闺房里的事情，不值得一听。"

郭子仪带回郭暖，打了他几十大板，公主见状，也心疼丈夫，就哭哭啼啼替郭暖求情。从此二人和好，倍加恩爱。后人根据这段故事，编成了

越剧《打金枝》剧照

戏剧《打金枝》。

家庭和睦，首先必须是夫妻和睦，因为夫妻关系是各种家庭关系的主体，又是家庭的支柱。从历史上看，夫妻和睦不仅能使家庭稳定，而且能激发夫妻的创造力，甚至还能由此创立一番大业。

3. 让一让，六尺巷

清代中期，当朝宰相张英是安徽桐城人。他素来注重修身养性，颇得他人的喜欢和尊重。同时他也非常孝敬父母，在朝廷任官时，他把母亲安顿在家乡，并经常回家探望。

张老夫人的邻居是一位姓叶的侍郎。张英在一次回家看望母亲时，觉得家中的房子呈现出破败之相，就命令下人起屋造房，整修一番。安排好一切后，他又回到了京城。

正巧，侍郎家也正打算扩建房屋，并想占用两家中间的一块地方。张

现在的六尺巷

家也想利用那块地方做回廊。于是，两家发生了争执。张家开始挖地基时，叶家就派人在后面用土填上；叶家打算动工，拿尺子去量那块地时，张家就一哄而上把工具夺走。两家争吵过多次，有几次险些动武，双方都不肯让步。

张老夫人一怒之下，命人给张英写信，希望他马上回家处理这件事情。

张英看罢来信，不急不躁，提笔写下一首短诗："千里家书只为墙，再让三尺又何妨？万里长城今犹在，不见当年秦始皇。"封好后派人迅速送回。

张老夫人满以为儿子会回来为自家争夺那块地皮，没想到左等右等只盼回了一封回书。张母看完信后，恍然大悟：为了三尺地既伤了两家的和气，又气坏了自己的身体，这样太不值得了。

老夫人想明白了，立即主动把墙退后三尺。邻居见状，深感惭愧，也把墙退后三尺，并且登门道歉。这样一来，以前两家争夺的三尺地反而形成了一条六尺宽的巷子。

当地人纷纷传颂这件事情，引为美谈，并且给这条巷子取了一个特别的名字——六尺巷。有人还据此作了一首打油诗："争一争，行不通；让一让，六尺巷。"

三、家训自悟

亲戚不悦，不敢外交；近者不亲，不敢求远；小者不审，不敢言大。

——春秋时期曾参《告子言》

贫非人患，惟和为贵。

——蜀汉时期向朗《戒子遗言》

一家之事，贵于安宁和睦悠久也，其道在于孝悌谦逊。

——南宋陆九韶《居家正本制用篇》

凡邻里亲故，平昔善良，倘有婚姻丧疾应助者，即量力助之。毋慕豪侠之名，轻意肆志，贻忧父母。其无赖之人，当敬而远之，一与交游，为患不小。

——《谢氏家训》

亲姻馈送，一年一度，非常庆吊，则不拘此。切不可过奢，又不可视贫而加薄，视富而加厚。

——元代郑太和《郑氏规范》

毋以小嫌而疏至亲，毋以新怨而忘旧恩。

——明代许相卿《许云屯贻谋》

你姐是你同胞的人，她日后若富贵便罢，若是穷，你两个要老实供给照顾她。你娘要与她东西，你两个休要违阻，若是有些违阻，不但失兄弟之情，而且使你娘生气，又为不友，又为不孝，记之记之。

——明代杨继盛《杨忠愍公遗笔》

邻与我相比日久，最宜亲好。

——明代姚舜牧《药言》

难得者兄弟，易得者财产。

——清代张履祥《训子语》

法昭禅师偈云："同气连枝各自荣，些些言语莫伤情。一回相见一回老，能得几时为弟兄。"词意蔼然，足于启人友于之爱。

——清代张英《聪训斋语》

六尺巷壁画——张英像

富贵贫贱，总难称意，知足即为称意。山水花竹，无恒主人，得闲即为主人。

待下我一等之人，言语辞气，最为要紧。

——清代张英《聪训斋语》

第四章　做事先做人，处世要谦恭

做任何事情，都是从做人开始的。古往今来，对人的要求，无不以做人为本。《大学》里说："自天子以至庶人，壹是皆以修身为本。"人民教育家陶行知言："千教万教，教人求真"，"千学万学，学做真人"。中国家训中，讲如何为人处世的比比皆是，其中讲得最多的是"中庸""有礼""谦恭"和"助人"等。诸葛亮在《诫子书》中说："静以修身，俭以养德，淡泊以明志，宁静以致远。"清理学家张履祥在《训子语》中说："子孙以忠厚谨慎为先，切戒捐薄。"一个人只有掌握了做人的原则和做事的艺术，善于把"会做人"和"能谦虚"有机地统一起来，才能够成就人生，发展事业。

一、家训集锦

【原文】

明者处事，莫尚于中，优哉游哉，与道相从。首阳为拙；柳惠为工。饱食安步，在仕代农。依隐玩世，诡时不逢，是故才尽者身危，好名者得华；有群者累生，孤贵者失和；遗余者不匮，自尽者无多。圣人之道，一龙一蛇，形见神藏，与物变化，随时之宜，无有常家。

——西汉东方朔《诫子书》

【译文】

明智的人，他们的处世态度，无不遵循中庸之道。看来从容自在，就是中庸之道。所以，像伯夷、叔齐这样的君子虽然清高，却显得固执，拙于处世；而柳下惠正直敬事，不论治世乱世都不改常态，是最高明、巧妙的人。衣食饱足，安然自得，以做官治世代替隐退耕作。身在朝廷而恬淡谦退，过隐者般悠然的生活，虽不迎合时势，却也不会遭到祸害，道理何在呢？锋芒毕露，会有危险；有好的名声，便能得到华彩；得到众望的，忙碌一生；自命清高的，失去人和。凡事留有余地的，不会匮乏；凡事穷尽的，立见衰竭。因此圣人处世的道理，行、藏、动、静因时制宜，有时华彩四射，神明奥妙；

东方朔（画像）

有时缄默蛰伏，莫测高深。他能随着万物、时机的变化，用最合宜的处世之道，而不是固定不变，也绝不会拘泥不通。

【原文】

傲不可长，欲不可纵，志不可满，乐不可极。

——西汉戴圣《礼记·曲礼上》

【译文】

不可滋长傲慢的念头，不可放纵欲望，不可自满，不可过分享乐。

【原文】

贤者狎而敬之，畏而爱之。爱而知其恶，憎而知其善。积而能散，安而能迁。临财毋苟得，临难毋苟免。很毋求胜，分毋求多。疑事毋质，直而勿有。

——西汉戴圣《礼记·曲礼上》

【译文】

对贤德之人，要亲近、敬重他，要敬畏、热爱他。对自己热爱之人要知道他的短处，对自己憎恶之人要了解他的长处。能积聚财富，却可以散发给别人；能安于现状，也要能够适应地位的升降变迁。遇到财物不要随便收取，遇有危难不可轻易逃避。与人争讼不可为求得胜而不择手段，分配东西不可占便宜、贪求多得。自己弄不清楚的事不要妄加评断，自己认为正确的事，也不要以先知自诩。

【原文】

将适舍，求毋固；将上堂，声必扬。户外有二屦，言闻则入，言不闻则不入。将入户，视必下，入户奉，视瞻毋回。户开亦开，户阖亦阖。有后入者，阖而勿遂。毋践屦，毋踏席。抠衣趋隅，必慎唯诺。

——西汉戴圣《礼记·曲礼上》

【译文】

如果要到别人家里做客，就不能像在自己家一样随便。去别人家，走近堂屋时，一定要先高声发问，看主人是否在家。看到人家门口摆放着两双鞋子，又可以清楚地听到屋内说话的声音，那么，你就可以走进屋去。如果听不到里面的说话声，就不要贸然闯入。进入人家的房门时，眼睛一定要往地上看，以防冲撞了人家；进门后要拱手于胸前，不要前后左右四处乱看。人家的房门原本是开着的，进屋后要照样让门开着；原本是关着的，则依旧要把门关上。如果身后还有人要进来，就不要把门关紧。进门时注意不要踩着别人的鞋子，也不要从别人的席位上跨越过去。进屋后，要提起衣服下摆快步走到角落中入座；回答主人问话时，要小心谨慎。

【原文】

夫富贵声名，人情所乐，而君子或得而不处，何也？恶不由其道耳。患人知进而不知退，知欲而不知足，故有困辱之累，悔吝之咎。语曰："如不知足，则失所欲。"故知足之足常足矣。

——西晋陈寿《三国志·王昶传》

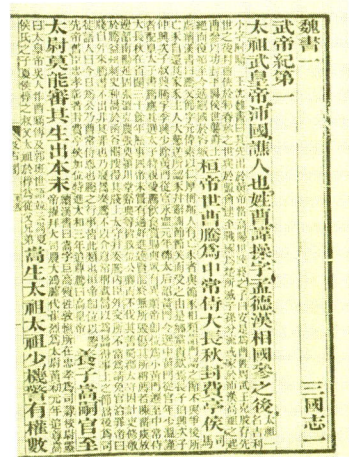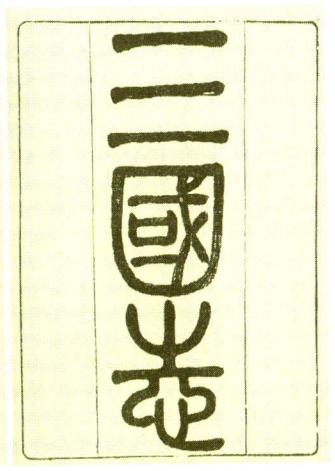

西晋陈寿撰《三国志》旧刻本

【译文】

有钱，有势，有名，是很多人希望拥有的，而一些道德高尚的君子，明明可以得到这些却坚决不要，这是为什么呢？这是因为憎恶它们不是由正当的途径获得。人怕的是只知求进而不知退让，只知道获取而不知道满足，因而有困穷受辱的牵累，以及对以往过失的悔恨。古语说："如果不知道满足，就常常会在其他方面存在缺失。"所以知道满足的足就经常是富足的。

【原文】

恭为德首，慎为行基。愿汝等言则忠信，行则笃敬，无口许人以财，无传不经之谈，无听毁誉之语。闻人之过，耳可得受，口不得宣，思而后动。若言行无信，身受大谤，自入刑论，岂复惜汝？耻及祖考。思乃父言，纂乃父教，各讽诵之。

——西晋大臣羊祜《诫子书》

【译文】

恭敬是道德修养的首要事情，而谨慎则是日常行事的基础。希望你们

言必信，行必果，不要随便空口许诺人家钱财，不要传播那些风言风语，不要轻信那些毁谤或赞赏的话。知道别人有过错，听了以后，不要去宣扬，凡事深思熟虑之后再行动。假如言行不守信，受到公众谴责，甚至受到刑法的惩罚，还有谁会来怜惜你呢？恐怕还会使祖宗蒙受耻辱。希望你们牢记父亲的话，把你们父亲的教诲写下来，经常诵读，好自为之。

【原文】

节酒慎言，喜怒必思，爱而知恶，憎而知善，动念宽恕，审而后举。众之所恶，勿轻承信。详审人，核真伪，远佞谀，近忠正。

——唐代令狐德棻《晋书·李玄盛传》

【译文】

饮酒要节制，言语要谨慎，遇到高兴或愤怒的事情时头脑要冷静下来细细思考；爱一个人要知道他的过失，恨一个人要知道他的优点；做事要心存宽恕，认真审查后再付诸实施。对于大家都讨厌的人，不要轻易信任。凡用人要详加考察，遇事要查明真伪；要远离那些惯用花言巧语谄媚的小人，亲近那些诚实正直的君子。

【原文】

吾顷以老患辞事，不悟天慈降恩，爵逮于汝，汝其勿傲吝，毋荒怠，毋嫉妒。疑思问，言思审，行思恭，服思度。过恶扬善，亲贤远佞，目观必真，耳属必正，忠勤以事君，清约以临己。

——唐代李延寿《北史·源贺传》

【译文】

我将因年老多病辞去官职，没想到皇帝降恩，使你们也能够获得爵位。你们不要骄傲吝啬，不要荒废懒惰，不要嫉妒他人。有疑问就向人请教，说话要慎重周密，行为要恭敬，穿着打扮要合礼仪、时宜。制止恶行，发扬美德；亲近正直有德行的人，疏远奉迎谄媚的人；眼睛看东西要真切，听东西要会辨别；忠实勤劳侍奉君主，清廉俭约对待自己。

【原文】

人生世间，自有知识以来，即有忧患如意事。小儿叫号，皆其意有不平。自幼至少至壮至老，如意之事常少，不如意之事常多。虽大富贵之人，天下之所仰羡以为神仙，而其不如意处各自有之，与贫贱人无异，特所忧虑之事异尔。故谓之缺陷世界，以人生世间无足心满意者。能达此理而顺受之，则可少安。

——南宋袁采《袁氏世范》

【译文】

人活在世间，自从有了知觉、见识，就有了忧患的和称心的事。小孩子哭闹，都是因为有些事没达到他的要求。从幼儿到少年到壮年再到老年，顺心如意的事少，而不如意的事却常常很多。即使大富大贵的人，虽然天下人都羡慕他们，认为他们过的是神仙一般的日子，但是他们也有自己的烦心事，跟平民百姓没什么两样，只不过他们烦心的事情跟普通人不一样罢了。我们之所以把这个世界叫作缺陷世界，就是因为人生活在世上没有谁能处处如意、事事美满。能深刻地明白这个道理而在遇到挫折、不如意时安然处之，就能感到心里顺畅一些。

【原文】

凡人谋事，虽日用至微者，亦须龃龉而难成，或几成而败，既败而复成。然后，其成也永久平宁，无复后患。若偶然易成，后必有不如意者。造物微机不可测度如此，静思之则见此理，可以宽怀。

——南宋袁采《袁氏世范》

【译文】

大凡人们要谋划着干一件事，即使是日常生活中最微小的事，也定会发生一些摩擦和不如意而导致事情难以成功，或者快成功了又失败了，经

历几番周折后才得以成功。然而这样反复以后，得到的成功却能保持永久，永无后患。如果偶然间有一两种事情很轻易就成功了，那么日后一定会发生一些不如意的事情。大千世界，事物的发展变化简直不可测度，静下心来好好思考一下，就能明白这个道理，对于事物的成功与失败也就能够安然释怀了。

【原文】

人之性行虽有所短，必有所长。与人交游，若常见其短，而不见其长，则时日不可同处；若常念其长，而不顾其短，虽终身与之交游可也。

——南宋袁采《袁氏世范》

【译文】

人的性格、品行中虽然有短处，也一定有长处。与人交往，如果经常注意别人的短处，而无视别人的长处，那么，就连一刻也难以与人相处；相反，如果常想着别人的长处，而不去计较他的短处，就是一辈子相交下去也能和睦。

【原文】

市井街巷，茶坊酒肆，皆小人杂处之地，吾辈或有经由，须当严重其辞貌，则远轻侮之患。或有狂醉之人，宜即回避，不必与之较可也。

——南宋袁采《袁氏世范》

【译文】市井街巷，茶坊酒肆，都是小人经常往来的地方，我们到这些地方去的时候，言谈举止一定要严肃端庄，这样才能不被轻视侮辱。要是有喝得酩酊大醉的人找你寻衅，你也应该躲开他，不必和他计较。

【原文】

衣服举止异众，不可游于市，必为小人所侮。

——南宋袁采《袁氏世范》

【译文】

衣着、举止与众不同的人，不要到街市上去游玩，否则，一定会遭到小人的侮辱。

【原文】

今人受人恩惠多不记省，而人所急于人，虽微物亦历历在心，古人言：施人勿念，受施勿忘。诚为难事。

——南宋袁采《袁氏世范》

【译文】

现在的人接受了别人的恩惠大多不记在心里，但是如果有恩于别人，即使给别人的是微不足道的东西，也要清清楚楚记在心里，这就是古人说的：不要记住你对他人的恩惠，不要忘掉他人对你的恩惠。能做到这一点确实是很困难的事。

【原文】

何谓端曲？今人见谨愿之士，类称为善而取之；圣人则宁取狂狷。至于谨愿之士，虽一乡皆好，而必以为德之贼。是世人之善恶，分明与圣人相反。推此一端，种种取舍，无有不谬。天地鬼神之福善祸淫，皆与圣人同是非，而不与世俗同取舍。凡欲积善，决不可徇耳目，惟从心源隐微处，默默洗涤。纯是济世之心，则为端；苟有一毫媚世之心，即为曲。纯是爱人之心，则为端；有一毫愤世之心，即为曲。纯是敬人之心，则为端；有一毫玩世之心，即为曲。皆当细辨。

——明代袁黄《了凡四训》

【译文】

什么是直和曲呢？现在的人看到谨慎诚实的人，就一概把他们称为好人并赞赏他们；而像孔子那样的圣人却宁可欣赏狂狷的人。至于那些谨慎、诚实的人，虽然周围的人都喜欢他们，但孔子却认为他们是道德的败坏者。

这样看来，世人的善恶，分明和孔子的善恶相反。从这一个例子来推测，便可以知道，世界上许许多多的取舍，没有不错误的。天地鬼神对善人降下福报、给恶人降下灾祸，都与孔子有相同的是非标准，却与世俗之见不同。凡是想行善的人，决不可以只为了让人看到和听到，一定要是发自内心地想做这样的事。若纯粹是济世救人之心，就是直；若稍有一丝哗众取宠的想法，若纯是出于爱人之心，就是直；若有一丝愤世嫉俗之意，就是曲。若纯是出于尊敬别人的心理，就是直；若有一丝玩世不恭的想法，就是曲。这些都应当仔细分辨。

【原文】

何谓偏正？昔吕文懿公初辞相位，归故里，海内仰之，如泰山北斗。有一乡人醉而詈之，吕公不动，谓其仆曰："醉者勿与较也。"闭门谢之。逾年，其人犯死刑入狱。吕公始悔之曰："使当时稍与计较，送公家责治，可以小惩而大戒。吾当时只欲存心于厚，不谓养成其恶，以至于此。"此以善心而行恶事者也。

——明代袁黄《了凡四训》

【译文】

什么是偏、正呢？从前吕原先生刚刚辞去宰相的职位，回到故乡，当时天下人都非常敬仰他，就像对待泰山和北斗星一样。有一个乡下人喝醉酒后辱骂他，吕先生不为所动，并对他的仆人说："不要和喝醉酒的人计较。"并关了门避开他。过了一年，那个人因犯了死罪而被捕入狱。吕先生才懊悔地说："假使当时稍微与他计较一下，送到官府惩治一番，便可以通过小小的惩罚让他有所戒惧。我当时只想心存仁厚，没想到反而纵容了他的恶习，以至于到了今天这个地步。"这就是以行善之心却做了不善的事的例子。

【原文】

　　你的比赛问题固然是重负，但无论如何要作一番思想准备。只要尽量以得失置之度外，就能心平气和，精神完全放松，只有如此才能希望有好成绩。这种修养趁现在做起还来得及，倘若能常常想到"文章千古事，得失寸心知"的名句，你一定会精神上放松得多。唯如此才能避免过度的劳顿与疲乏的感觉。最折磨人的不是脑力劳动，也不是体力劳动（那种疲乏很容易消除，休息一下就能恢复精力），而是操心（worry）！孩子，千万听我的话。

　　下功夫叫自己心理上松动，保管你有好成绩。紧张对什么事都有弊无利。

　　从现在起，到比赛，还有三个多月，只要凭"愚公移山"的意志，存着"我尽我心"的观念；一紧张就马上叫自己宽弛，对付你的精神要像对付你的手与指一样，时时刻刻注意放松，我保证你明年有成功。这个心理卫生的功夫对你比练琴更重要，因为练琴的成绩以心理的状态为基础，为主要条件！你要我们少为你操心，也只有尽量叫你放松。这些话你听了一定赞成，也一定早想到的，但要紧的是实地做去，而且也要跟自己斗争；斗争的方式当然不是紧张，而是冲淡，而是多想想人生问题，宇宙问题，把个人看得渺小一些，那末自然会减少患得患失之心，结果身心反而舒泰，工作反而顺利！

我国著名翻译家、作家、教育家傅雷

平日你不能太忙。人家拉你出去，你事后要补足功课，这个对你精力是有妨碍的。还是以练琴的理由，多推辞几次吧。要不紧张，就不宜于太忙；宁可空下来自己静静地想想，念一二首诗玩味一下。切勿一味重情，不好意思。工作时间不跟人出去，做成了习惯，也不会得罪人的。人生精力有限，谁都只有二十四小时，不是安排得严密，像你这样要弄坏身体的。人家技巧不需苦练，比你闲，你得向他们婉转说明，这一点上，你不妨常常想起我的榜样，朋友们也并不怪怨我呀。

真诚是第一把艺术的钥匙。知之为知之，不知为不知。真诚的"不懂"，比不真诚的"懂"，还叫人好受些。最可厌的莫如自以为是，自作解人。有了真诚，才会有虚心，有了虚心，才肯丢开自己去了解别人，也才能放下虚伪的自尊心去了解自己。建筑在了解自己了解别人上面的爱，才不是盲目的爱。

而真诚是需要长时期从小培养的。社会上，家庭里太多的教训使我们不敢真诚，真诚是需要很大的勇气做后盾的。所以做艺术家先要学做人。

——《傅雷家书》

二、家训故事

1. 嵇康劝诫儿子恭谨小心

晋代的狂士嵇康在临死前写给儿子的《家诫》中说："……临乐则肆情，处逸则极意。故虽繁华熠耀，无结秀之勋，终年之勤，无一旦之功，斯君子所以叹息也……夫言语君子之机，机动物应，则是非之行著矣，故不可不慎。若于意不善了，而本意欲言，则当惧有不了之失，且权忍之。后视向不言此事，无他不可，则向言或有不可，然则能不言，全得其可矣……凡人自有公私，慎勿强知人知。彼知我知之，则有忌于我。今知而不言，则便是不知矣。若见窃语私议，便舍起，勿使忌人也。或时逼迫强于我共说，若其言邪险，则当正色以道义正之，何者？君子不容伪薄之言故也……"

嵇康的《家诫》中这段话的大意是："……遇到快乐的事情则控制不住感情，处在轻松的境地时就极度放松，根本无法控制。这样的人虽然天资很好，繁华美丽，但不会有优秀的成就；即使一整年都很勤快，也不会有一日功成名就的结果。看到这样的情况，君子就不得不叹息了……语言这个东西，是君子的一种重要表达形式，应用之时，君子的是非态度等都会通过它轻易显示出来。所以，说话之时不能不谨慎。如果讲出一些话会产生一种难以停止的欲望，虽然本来很想讲，也应当考虑到一直讲下去可能引起的过失与其他不当的后果，应当先忍着不说。事后再来看自己不讲的这件事，也没什么不合适的，而说出来却可能有不当之处；因此能不说的话，也就尽量不说了，以保证少做些不该做的事……凡人都有自己的隐私，不要勉强自己去知道别人都知道的事情。如果那人知道你知道他的私密，则将对你有所忌讳。假如你知道了不说，就像不知道一样。如果见到别人背着你在窃窃私语，就起来离开，不要使人忌讳。有时会遇到别人强迫你和他一起说，如果那人讲的内容都是邪恶艰险的，则应当正色对之，以道义之说导正他的言语。为什么？因为君子是不能容忍虚伪浅薄的语言……"

有意思的是，晋代的狂士嵇康在临死前写给儿子的《家诫》中，却与他一生中行事的原则截然不同，这又是为什么呢？

晋代是一个十分混乱的时代，朝代的更迭和社会的动荡使得不但普通民众没有一个安定的生活，就是当时的一些文人名士，也难以坚持自己的人格、过一种平静恬淡的日子。作为"竹林七贤"之一的嵇康，为人狂傲放浪，当时的一些高官和名流他都不放在眼里，因而得罪了很多人，并给

唐末孙位绘《竹林七贤》残卷

自己招来了杀身之祸。

嵇康死时，儿子只有十岁。临死前，他给儿子写了一封信。嵇康要告诉儿子的，只是这样几件小事：好几个人从长官那里离开时，不要走在最后，免得别人认为你存心走在后面向长官告密；聚会时有人争论，你要马上离开现场，因为你不管站在哪一边都要得罪人———两边都不站？那就要同时得罪两边的人了！再有，有人劝你饮酒，哪怕你不想喝，也要端一下杯子，这样才能不让人记恨……这些处世之道，嵇康都是懂的，他在众人面前那么狂傲，都是故意的，他的生存中，其实也是充满了痛苦与无奈！

他不希望儿子也像自己这样，所以劝诫儿子要恭谨小心地为人。

希望儿子过得比自己好，是天下所有做父亲的相同愿望。不愿让儿子走自己的老路，又是多少父亲的心声呢？愿与不愿间，都是满满的父爱！

2. 郭子仪虚怀能容

唐代大将郭子仪、李光弼二人原本在节度使史思顺手下当差，但二人长期不和，到了水火不容的地步。

史思顺外调，郭子仪因才华出众而被任命为节度使，李光弼担心郭子仪公报私仇，欲带兵逃走，但又有点犹豫不决。当安禄山、史思明发动叛乱时，唐玄宗命郭子仪领兵讨伐。身为大将，此时正是报效国家的时刻，

李光弼找到郭子仪说："我们虽共事一君，但形同仇敌，如今你大权在握，我是死是活，你看着办吧！但恳请放过我的妻儿。"

营帐里的气氛顿时凝固起来，众多将领不知所措。在这种情形下，如果郭子仪感情用事，后果将不堪设想。但郭子仪毕竟有大将风度，他握住李光弼的手，眼含热泪说："国难当头，皇上不理朝政，作为臣子，我们怎能以私人恩怨为重，而置国家安危存亡于不顾呢？"

清代殿藏本郭子仪画像

李光弼被郭子仪的诚心所感动，他在战斗中

积极出谋划策，打败了叛军。郭子仪推荐李光弼当上了节度使。后来，李光弼的权力也日益增大，与郭子仪同居将相之职，二人之间没有半点猜忌之心。

这是一个皆大欢喜的结局，它不仅因为郭子仪虚怀能容，宽广能恕，更因为诚心感动人而获得双赢。就像廉颇与蔺相如的关系一样，郭子仪与李光弼的友谊也成了千古佳话。

3. 梁实秋的教子经验

梁实秋（1902—1987），号均默，原名梁治华。中国散文家、文学评论家、翻译家。生于北京，浙江杭县（今杭州）人。1915年入清华学校（今清华大学），后赴美留学。1926年回国，执教于东南大学、暨南大学等校，创办《新月》杂志，是"新月派"代表人物。1949年去台湾，从事英国文学教学与研究工作。著有《文学之批评论》《雅舍小品》等，译有《莎士比亚全集》四十卷，并主编了《远东英汉大辞典》。

梁实秋十分喜爱孩子，也有自己的教子方法，我们通过他的文章来看看他是如何看待儿童教育的。

梁实秋写过一篇文章，叫《孩子》，他在文章中说：

……我问过一个并非'神童'的孩子：'你妈妈是做什么的？'他说：'给我缝衣的。''你爸爸呢？'小宝贝翻翻白眼：'爸爸是看报的！'但是他随即更正说：'是给我们挣钱的。'孩子的回答全对。爹妈全是在为孩子服务。母亲早晨喝稀饭，买鸡蛋给孩子吃；父亲早晨吃鸡蛋，买鱼肝油精给孩子吃。最好的东西都要献呈给孩子，否则，做父母的心里便起惶恐，像是做了什么大逆

梁实秋与夫人韩菁清

不道的事一般。孩子的健康及其舒适，成为家庭一切设施的一个主要先决问题。这种风气，自古已然，于今为烈。自有小家庭制以来，孩子的地位陡然被提高，以前的'孝子'是孝顺其父母之子，今之所谓'孝子'乃是孝顺其孩子之父母。孩子是一家之主，父母都要孝他！"

……我想起一个外国的故事。

一个母亲带孩子到百货商店，经过玩具部，看见一匹木马，孩子一跃而上，前摇后摆，踌躇满志，再也不肯下来。那木马不是为出售的，是商店的陈设。店员们叫孩子下来，孩子不听；母亲叫他下来，加倍不听；母亲说带他吃冰淇淋去，依然不听；买朱古力糖去，格外不听。任凭许下什么愿，总是还你一个"不听"。当时演成僵局，顿成胶着状态。最后一位聪明的店员建议说："我们何妨把百货商店特聘的儿童心理学专家请来解围呢？"众谋金同，于是把一位天生有教授面孔的专家从八楼请了下来。专家问明原委，轻轻走到孩子身边，附耳低声说了一句话，那孩子便像触电一般，滚鞍落马，牵着母亲的衣裙，仓皇遁去。事后有人问那专家到底对孩子说的是什么话，那专家说："我说的是：'你若不下马，我打碎你的脑壳！'"

这专家真不愧为专家，但是颇有"不孝"之嫌。这孩子假如平常受惯了不兑现的体罚、威吓，则这专家亦将无所施其技了。……

…………

孩子中之比较最蠢、最懒、最刁、最泼、最丑、最弱、最不讨人欢喜的，往往最得父母的钟爱。此事似颇费解，其实我们应该记得《西游记》中唐僧为什么偏偏喜欢猪八戒。

谚云："树大自直"，意思是说孩子不需管教，小时恣肆些，大了自然会好。可是弯曲的小树，长大是否会直呢？我不敢说。

梁实秋在文章《孩子》中表达出了自己的观点，就是孩子就像小树一样，不能任其发展，需要约束和管教，这样孩子才能茁壮成长，成大树，成栋梁!

三、家训自悟

上品之人，不教而善；中品之人，教而后善；下品之人，教亦不善。

——北宋邵雍《戒子孙文》

人虽至愚，责人则明；虽有聪明，恕己则昏。尔但常以责人之心责己，恕己之心恕人，不患不到圣贤地位也。

——北宋范纯仁《戒子弟言》

才不宜露，势不宜恃，享不宜过。能含蓄退逊，留有余不尽，自有无限受用。

淡泊二字最好。淡，恬淡也，泊，安泊也。恬淡安泊，无他妄念，此心多少快活！

看圣贤千言万语，无非教人做个好人，人谓做好人难，余谓极易。不做不好人，便是好人。

——南宋江端友《戒子》

人常咬得菜根，则百事可做。骄养太过的，好看不中用。

——明代姚舜牧《药言》

位之得不得在天，德之修不修在我。毋弃其在我者，毋强其在天者。

——明代袁衷等录《庭帏杂录》

器量须大，心境须宽。一念不慎，败坏身家有余。

《增广贤文》

人品须从小作起，权宜苟且诡随

之意多，则一生人品坏矣。

立身作家读书，俱要有绳墨规矩，循之则终生无悔无尤。

——明代吴麟徵《家诫要言》

儿孙自有儿孙福，莫与儿孙做牛马。

心术不可得罪于天地，言行要留好样与儿孙。

训子须从胎教始，端蒙必自小学初。

须知孺子可教，勿谓童子何知。

养子不教如养驴，养女不教如养猪。

富若不教子，钱谷必消亡；贵若不教子，衣冠受不长。

——《增广贤文》

第五章　立志成才，找准人生方向

一个人只有有了志向，前途才不会一片渺茫。孔子曰："吾十有五而志于学。"孔子大约在十五岁的时候立志做学问，后来才成为了一位大思想家，被后人尊为"圣人"。立志可不是小的时候"当科学家""当大明星"那么简单，而是决定自己今后发展道路的选择。在立志之前应该先分析一下自己：我的状况怎么样？我的特长是什么？我的兴趣又在哪些方面？一旦目标确定下来，下一步就是坚定不移地去努力奋斗，拼搏进取，直到达到目标为止。"有志者立长志，无志者常立志。"只要有理想有志向、敢拼搏、会奋斗的人，都会有一个美好的未来，会有一片属于自己的蓝天！

一、家训集锦

【原文】

书不记，熟读可记。义不精，细思可精。惟有志不立，直是无著力处。只如而今，贪利禄而不贪道义，要作贵人而不要作好人，皆是志不立之病。直须反复思量，究其病痛处，勇猛奋跃，不伏作此等人，一跃跃出。见得圣贤所说千言万语，都无一事不是实语，方始立得此志，就此积累工夫，迤逦向上去，大有事在，诸君勉旃，不是小事。

——宋代朱熹《朱子沧州精舍谕学者》

【译文】

读过的文章记不住，多读几遍就可以记住。书中的意思还不精通，仔细思索就可以精通。只有志向不立，才真是没有地方可以着手。如今，贪

83

朱熹（苏州石刻像）

财图利、追求名声而没有底线的人很多，大家都想做高贵之人而没有想到去做一个好人，这都是没有立志的毛病。为此，必须反复思考，找到病根，痛下决心，再也不做这一类人。你看那些圣贤们所说的千言万语，没有一句话不是大实话，这才可以树立志向，这样，经过日积月累，慢慢地进步，就可以大获成功。各位努力吧！因为这实在不是一件小事！

【原文】

人之有子，须使有业。贫贱而有业，则不至于饥寒；富贵而有业，则不至于为非。凡富贵之子弟，耽酒色，好博弈，异衣服，饰舆马，与群小为伍，以至破家者，非其本心之不肖，由无业以度日，遂起为非之心。小人赞其为非，则有啜钱财之利，常乘间而翼成之。子弟痛宜省悟。

——宋代袁采《袁氏世范》

【译文】

人有了自己的孩子之后，必须使孩子有某种职业，贫穷的家庭使孩子有职业，那么就不至于受饥寒之苦；富贵之家使孩子有职业，那么孩子就不至于由于无所事事而胡作非为。大凡富贵之家的孩子，沉湎于酒色，喜欢赌博、下棋，穿华丽的衣服，装饰自己的车马，并且总是与不务正业的小人为伍，甚而使家庭破败的，并不是由于他们的本心不好，而是由于他们没有职业找不到事情可做，便容易生胡作非为之心。心术不正的小人对他们这种胡作非为大加赞扬，是为了得到美食和钱财等好处，常常乘虚而入，推波助澜，使他们坏事做得更多。孩子们应该对此有痛定思痛之后的清醒认识。

老话说得好

——青少年不可不知的家规家训

84

【原文】

居乡及在旅，不可轻受人之恩。方吾未达之时，受人之恩，常在吾怀，每见其人，常怀敬畏，而其人亦以有恩在我，常有德色。及吾荣达之后，遍报则有所不及，不报则为亏义，故虽一饭一缣，亦不可轻受。

——宋代袁采《袁氏世范》

【译文】

在乡里居住，或是寄居在外，都不能轻易接受人家的恩惠。在我没有发达的时候，受了人家的恩惠，要时刻记在心里，每次见到施恩于我的人，心里都很敬畏，而施恩于我的人也因为觉得有恩于我，所以常常表现出德于我的神情。等到我荣耀显达以后，要想报答所有有恩于我的人，恐怕也很难做到，不报答人家的恩情又觉得理亏，因此，即使是一顿饭、一点布匹，也不能轻易接受。

【原文】

士大夫之子弟，苟无世禄可守，无常产可依，而欲为仰事俯育之资，莫如为儒。其才质之美，能习进士业者，上可以取科第致富贵，次可以开门教授，以受束修之奉。其不能习进士业者，上可以事笔札，代笺简之役，次可以习点读，为童蒙之师。如不能为儒，则医卜、星相、农圃、商贾、伎术，凡可以养生而不至于辱先者，皆可为也。子弟之流荡，至于为乞丐、盗窃，此最辱先之甚。然世之不能为儒者，乃不肯为医人、星相、农圃、商贾、伎术等事，而甘心为乞丐、盗窃者，深可诛也。凡强颜于贵人之前而求其所谓应副，折腰于富人之前而托名于假贷，游食于寺观而人指为穿云子，皆乞丐之流也。

——宋代袁采《袁氏世范》

【译文】

士大夫的子弟，如果没有世袭俸禄、固有资产可以依靠，还想对上侍奉父母，对下养育妻儿，不如做儒生。有过人的才华，能考取进士的人，

最理想的结果是可以参加科举考试，金榜题名，求得富贵；次一等可以开设私塾，教育学生，靠学生的学费来维持生活。如果没有能力参加科举考试，就可以替人家代写书信，次一等的也可以做孩童的启蒙老师。如果做不了儒生，那就可以去做医生、做僧人道士、做农夫花匠、做商人、做工匠，凡是可以维持生活，又不至于辱没先人的工作，都可以去做。子弟游手好闲，以至于做了乞丐、盗贼，这是最有辱先人的事。而那些做不了儒生，又不肯做医生、僧侣、农人、花匠、商人、工匠而心甘情愿去做乞丐、盗贼的人，是最应该谴责的。凡是那些为了求得吃喝而在权贵面前强颜欢笑的，为了借贷钱物而在富人面前卑躬屈膝的，到寺庙道观里去乞讨饮食而被人称为"穿云子"的，都是乞丐一类的人。

【原文】

人见邻里亲戚有佳快者，使子弟慕而学之，不知使学古人，何其蔽也哉！……爱及农商工贾，厮役奴隶，钓鱼屠肉，饭牛牧羊，皆有先达，可为师表，博学而求之，无不利于事也。

——南北朝颜之推《颜氏家训》

【译文】

人们看到邻里亲戚中有出色的人才，便要子弟仰慕并学习他，而不知道让他们向古人学习，这是多么的片面啊！……至于农夫、商人、工匠、差役、奴隶、渔人、屠夫、放牛娃、牧羊人等，先辈中都有出色的人物，可以拜他们为师，广泛地向他们学习，没有什么是无益于自己工作的。

【原文】

人生在世，会当有业：农民则计量耕稼，商贾则讨论货贿，工巧则致精器用，伎艺则沈思法术，武夫则惯习弓马，文士则讲议经书。多见士大夫耻涉农商，差务工伎，射则不能穿札，笔则才记姓名，饱食醉酒，忽忽无事，以此销日，以此终年；或因家世余绪，得一阶半级，便自为足，全忘修学，及有吉凶大事，议论得失，蒙然张口，如坐云雾；公私宴集，谈古赋诗，塞默低头，欠伸而已。有识旁观，代其入地。何惜数年勤学，长受一生愧辱哉！

——南北朝颜之推《颜氏家训》

【译文】

人生在世，应该从事一定的工作：当农民的就要种好庄稼，当商贩的就要做好生意，当工匠的就要手艺精湛，当艺人的就要深入研习各种技艺，当武士的就要熟悉骑马射箭，当文人的就要多读儒家经书。我见到许多士大夫耻于从事农业商业，又缺乏手工技艺方面的本事，让他射箭连一层铠甲也射不穿，让他动笔仅仅能写出自己的名字，整天酒足饭饱，无所事事，以此消磨时光，了结一生；还有的人因祖上的荫庇，得到一官半职，便自我满足，完全忘记了学习的事，碰上有吉凶大事，议论起得失来，就张口结舌，茫然无知，如坠云雾中一般；在各种公私宴会的场合，别人谈古论今，赋诗明志，他却像塞住了嘴一般，低着头不吭声，只有打哈欠的份儿。有见识的旁观者，都替他害臊，恨不能钻到地下去。这些人又何必吝惜几年的勤学，长期地去忍受一生的愧辱呢！

【原文】

古语云："有志于功名者，必得功名；有志于富贵者，必得富贵。"人之有志，如树之有根。立定此志，须念念谦虚，尘尘方便，自然感动天地，而造福由我。

今之求登科第者，初未尝有真志，不过一时意兴耳。兴到则求，兴阑则止。

——明代袁黄《了凡四训》

【译文】

古语说："有志向求取功名的人，就必然能得到功名；有志向求取富贵的人，就必然能得到富贵。"人有志向，就像树木有根基。立定志向之后，

还必须念念不忘谦虚，处处与人方便，自然会感动天地，所以说造福全在我们自己。

当今那些求取科举功名的人，起初未必有什么真的志向，不过是一时心血来潮罢了。兴致来了，就去求取；兴致散了，也就作罢。

【原文】

吾家子弟，最宜常勖以立大规模，具大识见，不可沾沾焉贪目前，安卑近。朱子云：天下事坏于懒与私，最切今之弊。懒则不肯勤励，学殖荒而志气亦坠；私利自至亲间，尚分畛域，有利心，尚望其有器识，有所建立哉？

——清代蔡世远《蔡梁村示子弟帖·寄示长儿》

【译文】

我家的子弟，最应该经常勉励他们树立远大的志向，要有远见卓识，不能为眼前的一点点成绩而沾沾自喜，安于现状。朱熹曾说，天下的坏事情都是由于懒惰和自私引起的，这句话最能切中时弊。懒惰就不肯勤奋，学业荒废，志气也就泯灭了；有了自私自利之心，亲人之间也会有界限，还能指望他能博学成器、有所建树吗？

二、家训故事

1. 诸葛亮的《诫子书》

诸葛亮，字孔明，号卧龙，三国时期蜀汉丞相，我国历史上著名的政治家、军事家，也是民间传说中著名的智慧人物，经过文学名著《三国演义》的演绎、流传，关于他的许多传奇故事，如"借东风""火烧赤壁""草船借箭"和"空城计"等，都为中国百姓所熟知。

诸葛亮46岁才得子诸葛瞻。他很喜欢这个儿子，希望儿子将来成为国家栋梁。诸葛亮有两个姐姐，二姐所生子叫庞涣，深得诸葛亮喜爱。诸葛亮常年征战，政务缠身，但仍不忘教诲儿辈。他写给诸葛瞻和庞涣的两封家书，被称为《诫子书》和《诫外甥书》。

《诫子书》曰："夫君子之行，静以修身，俭以养德。非淡泊无以明志，非宁静无以致远。夫学须静也，才须学也，非学无以广才，非志无以成学。淫慢则不能励精，险躁则不能治性。年与时驰，意与日去，遂成枯落，多不接世，悲守穷庐，将复何及！"

这段话的大意是：品德高尚、德才兼备的人，是依靠内心安静、精力集中来修养身心的，是依靠俭朴的作风来培养品德的。不看清世俗的名利就不能明确自己的志向，不身心宁静就不能实现远大的理想。学习必须专心致志，增长才干必须刻苦学习。不努力学习就不能增长才智，不明确志向就不能在学习上获得成就。过度享乐和怠惰散漫就不能奋发向上，轻浮急躁就不能陶冶性情。年华随着光阴流逝，意志随着岁月消磨，最后就像枯枝败叶那样（成了无所作为的人）对社会没有任何用处，（到那时，）守在破房子里，悲伤叹息，又怎么来得及呢？（"穷庐"，亦可理解为"空虚的心灵"。）

《诫外甥书》曰："夫志当存高远，慕先贤，绝情欲，弃疑滞。使庶几之志揭然有所存，恻然有所感。忍屈伸，去细碎，广咨问，除嫌吝，虽有淹留，何损于美趣，何患于不济。若志不强毅，意气不慷慨，徒碌碌滞于俗，默默束于情，永窜伏于凡庸，不免于下流。"大意是：一个人应该树立远大的理想，追慕先贤，节制情欲，去掉郁结在胸中的俗念，将自己的远大志向树立

诸葛亮像

CHINA 中国邮政 6元

2014-18

中国邮政发行的诸葛亮画像邮票小型张

起来，并不断地用它激励自己。不局限于琐碎的事情，虚心地、广泛地学习，去掉疑惑、吝啬，即使未能得到提拔、录用，但对于自己美好的志趣是没有损害的，更何愁理想不能实现？如果意志不坚强，意气不昂扬，沉溺于习俗私情，碌碌无为，就将永远处于平庸的地位，甚至沦落到下流社会。从两封信中可以看出，他对儿子和外甥的要求是一致的，教育他们要有远大志向，戒绝欲望，心态平和，珍惜光阴，重视学习。

诸葛亮的这两篇文章很短，但很有思想内涵。他是在告诫后代：人尤其是青年人，不光要有崇高的理想、远大的志向，还必须有实现理想志向的具体可行的措施和战胜困难、排除干扰的毅力，否则理想就可能会成为一种空想甚至在不知不觉中将自己沦为平庸下流之辈。诸葛亮的这封信讲的就是这个道理。一个人如果志存高远、意志坚定，加之缜密地思考，然后付之于行动，就很有可能在日益激烈的社会竞争中取得成功。反之，则必然失败。

诸葛亮被后人誉为"智慧之化身"，他的《诫子书》和《诫外甥书》可谓两篇充满智慧之语的家训，是古代家训中的名篇。文章短小精悍，阐述修身养性、治学做人的深刻道理，读来发人深省。

2. 孔臧的《诫子书》

孔臧是中国古代教育家孔子的第十世孙。汉朝蓼侯孔藂之子。汉武帝的时候，孔臧作为太常卿，经常和朝中一些做学问的人讨论鼓励学习、奖励贤才等事。孔臧的文学作品主要是汉赋，约有二十四篇。受孔臧的影响，他的儿子孔琳勤奋好学，受到人们的赞扬。

孔臧在《诫子书》里写道：

> 人之进退，惟问其志。取必以渐，勤则得多。山溜至柔，石为之穿。蝎虫至弱，木为之弊。夫溜非石之凿，蝎非木之钻，然而能以微脆之形，陷坚钢之体，岂非积渐夫溜之致乎？训曰："徒学知之未可多，履而行之乃足佳。"故学者所以饰百行也。

这段话的大意是：人要求进步，但进步的方法、途径，关键在于他所立下的志向。在追求的过程上，必须循序渐进，不可急于速成；此外，勤力是不可缺少的重要因素，也只有这样才会有丰硕的成果。山溜，即山间的滴水，是柔软之体，但凭这柔软之体却可穿过坚石。木头里的蠹虫是十分细小的昆虫，但却可以破坏大树。水滴原不是坚实的凿子，蠹虫原不是钻木的工具，但是它们却能以自己羸弱之体，轸过坚硬的木石，这不就是逐渐累积的结果吗？古人说："单单通过学习来掌握知识并不值得多誉，反而学以致用才值得表扬。"所以，学者要修炼自己多种多样的品行。

汉代出现了比口头训诫更为系统、严谨的书面家训，孔臧给孔琳的这篇家训，就是较有代表性的一篇。在这篇篇幅不长的文章里，浓缩了丰富的意涵：他论述了立志的重要性，讲了循序渐进的必要性，还论述了日积月累、勤奋积累的意义。这里很自然地让人联想到西汉辞赋家枚乘"泰山之穿石，单极之断干。水非石之钻，索非木之锯，渐靡使之然也"和《荀子·劝学篇》中："锲而舍之，朽木不折；锲而不舍，金石可镂"这样的句子，真可谓所见略同。此外，还谈到了学习和时间的关系，强调了身体力行的重要性，"徒学知之未可多，履而行之乃足佳"与"纸上得来终觉浅，绝知此事须躬行"如此神貌一致，可见孔臧这篇家训对后世的影响。

3. 李嘉诚培养孩子独立的人格

"您有两个儿子，我也有两个。您是怎么管理他们的？"在长江商学院组织的 30 多位内地企业家拜会李嘉诚的活动上，鼎天资产管理有限公司董事长王兵这样向李嘉诚发问。李嘉诚的回答是："应该让孩子吃些苦，让他们知道穷人是怎么生活的。"

李嘉诚坚持认为，教育孩子应该培养他们独立的意志、品格，不能溺爱、娇生惯养，这与有多少家产没有关系。

所以，当李泽钜、李泽楷两兄弟去美国斯坦福读书期间，李嘉诚只给他们最基本的生活费。

有谁能想到，现在人称"小巨人"的李泽楷当年还曾经在麦当劳卖过汉堡，在高尔夫球场做过球童，甚至背高尔夫球棒时曾弄伤了肩胛骨，直至现在伤患还会时常发作。

李嘉诚让儿子从小就明白，做任何事情都不是那么简单，做生意需要不停地召开会议，依靠很多人的帮助。所以，他很早就让两个儿子旁听公司的董事会。

他认为富家子弟就好像温室的花朵，根基不稳，经不起风吹。

李嘉诚将自己的艰难创业比喻成在岩石夹缝中生长壮大的小树。他说，根基不稳的植物，在外界的压力下，不易存活，而夹缝中的小树，却能傲立风霜而不倒。因此，他绝不放纵自己的两个儿子。他希望，儿子能够自强自立，独立面对打击，面对困境。

不仅如此，李嘉诚还不忘教给孩子做人的道理。

"教导子女时百分之九十九应该教给他们做人的道理，即使现在他们长大了，也应该是三分之二教他们如何做人，三分之一教他们如何做生意，因为真正重要的是处理人与人之间的关系。"这是李嘉诚教育子女的一条根本原则。

有一次，香港刮台风，李家门前的大树被刮倒，为了锯断大树，两个菲律宾工人顶风冒雨工作，全身都湿透了。李嘉诚见到此景，要儿子马上起床换上游泳裤去帮忙，他这么做正是要两个儿子懂得，职业不分贵贱，要学会尊重不同职业、不同地位的人。

三、家训自悟

往者不可谏，来者犹可追。

——《论语·微子》

不愤不启，不悱不发；举一隅不以三隅反，则不复也。

——《论语·述而》

知之者不如好之者，好之者不如乐之者。

——《论语·雍也》

工欲善其事，必先利其器。

——《论语·卫灵公》

当仁不让于师。

——《论语·卫灵公》

无欲速，无见小利。欲速则不达，见小利则大事不成。

——《论语·子路》

不义而富且贵，于我如浮云。

——《论语·述而》

士不可以不弘毅，任重而道远。

——《论语·泰伯》

己欲立而立人，己欲达而达人。

——《论语·雍也》

志士仁人，无求生以害仁，有杀生以成仁。

——《论语·卫灵公》

人无志，非人也。

——嵇康《家诫》

古之成大事者，不惟有超世之才，也有坚忍不拔之志。

——北宋苏轼《晁错论》

后世子孙仕官有犯赃滥者，不得放归本家；亡殁之后，不得葬于大茔之中。

——北宋包拯《补遗》

有过不能改，知贤不能亲，虽生人世上，难为人上人。

——北宋邵雍《诫子吟》

农桑本务，商贾末业，书画医卜皆可食力资身。人有常业，则富不暇为非，贫不至失节。

——明代许相卿《许云村贻谋》

凡子侄，多忌农作。不知幼事农业，则知粟入艰难，不生侈心；幼事农业，习恒敦实，不生邪心；幼事农业，力涉勤苦，能兴起善心，以免于罪戾，故子侄不可不力农作。

——明代霍韬《家训》

志不立，则如无舵之舟，无勒之马。

——明代王守仁

汝自冬春来，颇解学文义。吾心岂不喜，顾此枝叶事。如树不植根，暂荣终必悴。植根可如何？愿汝且立志。

——明代王守仁《示正宪》

有志方有智，有智方有志。惰士鲜明体，昏人无出意。兼兹庶其立，缺之安所诣。珍重少年人，努力天下事。

——明代汤显祖《智志咏示子》

胆欲大，心欲小；智欲圆，行欲方。大志非才不就，大才非学不成。

——明代郑晓《训子语》

做好男子，须经磨练，生于忧患，死于安乐，千古不易之理也。

——清代孙奇逢《孝友堂家训》

王守仁（画像）

大凡世间一技一艺，其始学也不胜其难，似万不可成都是，因置而不学，则终无成矣。所以初学贵有决定不移之志，又贵有勇猛精进而又贞常永固毫不退转，则凡技艺焉有不成者哉！

——爱觉新罗·玄烨《圣祖庭训格言》

天下事有难易乎？为之，则难者亦易矣；不为，则易者亦难矣。人之为学有难易乎？学之，则易者亦难矣。

——清代彭端淑《为学示子侄》

古人行事，计是非，不计利害。今人利害亦不计，国法则曰可以幸逃，地狱则曰何曾眼见。当世之名，后世之责，更所不计，大都图目前受用而已。

——清代谢启昆《训子侄文》

一技足以养生也，但为之须恒，不恒则不成。学之须精，不精则无名。

——清代冯班《将死之鸣》

真心实作，无不可图之功。

才能知耻，即是上进。

器量须大，心境须宽。

待人要宽和，世事要练达。

恶不在大，心术一坏，即入祸门。

一念不慎，坏败身家有余。

每事宽一分即积一分之福。

——《家诫要言》

爱觉新罗·玄烨（画像）

你们几个孩子，还没有走上社会，爸爸希望你们努力学习，增长知识，做有志气、有出息的人，今后都成为对民众、对社会有用的人。

要紧的是学本事，学能耐，要先自己站得定，然后尽力地帮助别人。要是全靠别人帮你的忙，那就是自己看不起自己。俗话说得好，工欲善其事，必先利其器。一个木匠，必得有一个好的斧锯，才能做好的家具。

老话说得好

——青少年不可不知的家规家训

在这个世界上，有些人有能，有些人有钱。这两样比较起来，那钱毕竟是空虚、很软弱的，一旦拿它换不出东西来，它就是一点用也没有了。所以，爸爸总希望你们自己多多努力，做个有能的人。

——冯玉祥

哪里有天才，我是把别人喝咖啡的工夫都用在工作上的。

——鲁迅

有困难是坏事也是好事，困难会逼着人想办法，困难环境能锻炼出人才来。培根说道：奇迹多是在厄运中出现的。

——徐特立

我是个笨拙的学艺者，没有充分的天才，全凭苦学。

——梅兰芳

攻城不怕坚，攻书莫为难。科学有险阻，苦战能过关。

——叶剑英

如果"自以为是"，就不能吸收别人有用的东西，就会妄自尊大、孤

冯玉祥

陋寡闻，在学术上必定狭隘，在政治上必定孤立。

——徐特立

我愿自己的儿女能以血汗挣饭吃。一个诚实的车夫或工人，一定强于一个贪官污吏。

——老舍《对儿女的期望》

理想是石，敲出星星之火；理想是火，点燃熄灭的灯；理想是灯，照亮夜航的路；理想是路，引你走向黎明。

——流沙河《理想之歌》

不要空言无事事，不要近视无远谋。

应知重理想，更为世界谋。

——陈毅《示儿女》

说起他的历史来，真是可歌可泣，沙老（大家都这样称呼他）是贫农出身，自小为地主看牛，有一次新年里偷跑回家，不愿干了，见了父亲，父亲非常生气，打了他两个耳光。可怜他们自己也吃不上，儿子回来了不

老舍（左一）与家人合影

是多一个人吃么，所以硬逼他回地主家，他无可奈何地去了，可是地主不要他了。于是他就只好投奔叔叔那里，他叔叔是摇船的，就收留了他，从此过船家生活了，这期间，接触到了共产党，干起革命了。解放战争时他有功，经他训练有一千多条船及二千余的人，渡江时只牺牲了七个人，真是了不起。他有五个儿女，一个是送掉的，一个是卖了的，自己只有三个，一个儿子在抗美援朝战争受了伤，一个儿子在中学念书，一个女儿出嫁了，也有工作。最惨的是他的老妻，解放战争后带了三个儿女，讨饭或拾野菜过日子，一直讨饭到一九五二年，才找到了沙老团聚的。这种人真是可敬可佩……我们碰到的党员，都是这样品德优良，看见了他们这种不怕艰苦的精神，真觉得惭愧。

——《傅雷家书》

第六章　反省自己，以德行天下

对于我们来说，在日常生活中，就是要不断地反观自身，反省自己的言语行为，使之符合一定社会的道德准则和风俗习惯，从而使人与人之间的相处更加和谐。年少者容易放荡轻狂，无所羁绊，常常使他们忽略了反省，只一味地向着理想前进，跌得头破血流。殊不知，停在原地的反省有时比向前猛冲更重要。它给予我们冷静思考后的智慧灵泉，冲开路上的层层阻挠，而不必经历盲目前进所带来的一次又一次的打击。反省绝不是墨守成规，将自己罩在经验的框架之中，而是一样修炼自我的工具。华夏子孙正是凭此培道育德，深化涵养，积淀为闪耀千年的君子风度，延续了古老的中华文明。

一、家训集锦

【原文】

晏子病，将死，凿楹纳书焉，谓其妻曰："楹语也，子壮而示之。"及壮，发书。书之言曰："布帛不可穷，穷不可饰；牛马不可穷，穷不可服；士不可穷，穷不可任；国不可穷，穷不可窃也。"

——先秦晏婴《晏子春秋·内篇杂下第六》

【译文】

晏子病重，将要死去，于是凿开楹柱把遗书放在里面，并对他的妻子说："楹柱中的遗书，等儿子长大后取给他看。"儿子长大后，打开遗书，只见遗书上写道："布帛不能没有，没有就不能穿衣打扮；牛马不能缺少，缺少就不能够拉车做活；士不可没有气节，否则就不能做官任职；国家不能穷困，否则就不能推行政令、面临亡国风险。"

【原文】

邹孟轲之母也，号孟母，其舍近墓。孟子之少也，嬉游为墓间之事，踊跃筑埋，孟母曰："此非吾所以居处子也。"乃去舍市傍。其嬉戏为贾人衒卖之事。孟母又曰："此非吾所以居处子也。"复徙舍学宫之傍。其嬉游乃设俎豆揖让进退。孟母曰："真可以居吾子矣。"遂居之。及孟子长，学六艺，卒成大儒之名。君子谓孟母善以渐化。

——西汉刘向《列女传》

【译文】

邹国孟轲的母亲，人称孟母，她的住所靠近墓地。孟子年少时，经常玩送葬的游戏，孟母看见后说："这里不是适合我们居住的地方。"于是，就把家搬到集市上去住。孟子便学商人们沿街叫卖的样子玩，孟母看见后说："这里不是适合我们居住的地方。"于是，再一次搬迁，在一所学校附近安了家。孟子所玩的游戏都与祭祀和揖让进退等礼节有关，孟母见了十分高兴地说："这里才是适合我们居住的地方。"于是就定居下来。后来孟子长大以后学成六艺，终于成为有名的大学者。人们都说这是孟母深知环境对人的潜移默化的作用而善于教子的结果。

【原文】

心犹首面也，是以甚致饰焉。面一旦不修饰，则尘垢秽之；心一朝不思善，则邪恶入之。咸知饰其面，不修其心，惑矣。夫面之不饰，愚者谓之丑；心之不修，贤者谓之恶。愚者谓之丑犹可，贤者谓之恶，将何容焉？故览照拭面，则思其心之洁也；傅脂则思其心之和也；加粉则思其心之鲜也；泽发则思其心之顺也；用栉则思其心之理也；立髻则思其心之正也；摄鬓则思其心之整也。

——东汉蔡邕《女训》

【译文】

心就像头和脸一样，需要认真修饰。脸一天不洗，就会蓬头垢面；心一天不修善，就会窜入邪恶的念头。人们都知道每天洗脸，却不知道修养自己的身心，糊涂啊！脸面不修饰，愚人说他丑；心性不修炼，贤人说他恶。愚人说他丑，还可以接受；贤人说他恶，他哪里还有容身之地呢？所以你照镜子的时候，就要想到心是否圣洁；抹香脂时，就要想想自己的心是否平和；搽粉时，就要考虑你的心是否鲜洁干净；洗头发时，就要考虑你的心是否安顺；梳头发时，就要考虑你的心是否有条有理；挽髻时，就要想到心是否与髻一样端正；束鬈时，就要考虑你的心是否与鬈发一样整齐。

【原文】

谐度弘伟，恐汝兄弟未能致也；奇异独达，察汝等将无分也。恭为德首，慎为行基。愿汝等言则忠信，行则笃敬。无口许人以财，无传不经之谈，无听毁誉之语。闻人之过，耳可得受，口不得宣，思而后动。若言行无信，身受大谤，自入刑论。岂复惜汝，耻及祖考。思乃父言，聆乃父教，各讽诵之。

——西晋羊祜《诫子书》

【译文】

见解高深，志向远大，恐怕你们兄弟没有这个能力；才能非凡，智慧通达，我看你们也没有这样的天分。恭敬是道德的首要，谨慎是行事的基础。希望你们言出必行，行为得当。不要随便许给别人财物，不要传播没有根据的谣言，不要偏听诋毁或浮夸的一面之词。听说了别人的过错，耳朵可以听，但不要再去宣扬，三思之后再决定如何去做。如果不讲信用，势必身受很多指责、唾骂，甚至落得以刑罚论处，自取灭亡。我难道只是在为你们怜悯痛惜吗？我是担心要给先祖们也带来耻辱啊！好好想想你们父亲的话，听从你们父亲的教诲，每个人都要认真温习和背诵它。

101

【原文】

名之与实，犹形之与影也。德艺周厚，则名必善焉；容色姝丽，则影必美焉。今不修身而求令名于世者，犹貌甚恶而责妍影于镜也。上士忘名，中士立名，下士窃名。忘名者，体道合德，享鬼神之福佑，非所以求名也；立名者，修身慎行，惧荣观之不显，非所以让名也；窃名者，厚貌深奸，干浮华之虚称，非所以得名也。

——南北朝颜之推《颜氏家训》

【译文】

名与实的关系，就如同形体与影像的关系一样。一个人的德行才干全面深厚，则名声一定美好；一个人的容貌漂亮，则影像也必然美丽。现在某些人不注重修养身心，却企求美好的名声传扬于社会，就好比相貌很丑陋却要求漂亮的影像出现在镜子中一样。上等德行的人已经忘掉了名声，中等德行的人努力树立名声，下等德行的人竭力窃取名声。忘掉名声的人，可以体察事物的规律，使言行符合道德的规范，因而享受鬼神的赐福、保佑，因此他们用不着去求取名声；树立名声的人，努力提高品德修养，慎重对待自己的行动，常常担心自己的荣誉不能显现，因此他们对名声是不会谦让的；窃取名声的人，貌似忠厚而心怀大奸，求取浮华的虚名，所以他们是不会得到好名声的。

【原文】

人足所履，不过数寸，然而咫尺之途，必颠蹶于崖岸，拱把之梁，每沉溺于川谷者，何哉？为其旁无馀地故也。君子之立己，抑亦如之。至诚之言，人未能信；至洁之行，物或致疑，皆由言行声名，无馀地也。

——南北朝颜之推《颜氏家训》

【译文】

人的脚所站立之处，面积不过几寸，然而在咫尺宽的山路上行走，必定会从山崖上摔下去；从碗口粗细的独木桥上过河，也往往会淹死在河中，这是为什么呢？是因为人的脚旁边没有余地的缘故。人们要在社会上立足，也是这个道理。最诚实的话，别人未必会相信；最高洁的行为，别人往往会产生怀疑，都是由于这类言论、行动的名声太好，没有留余地造成的。

【原文】

人师先觉，闻诸君子；雅道之士，游邃经术；厌饫文史，笔有奇锋，谈有胜理，孝悌之至，神明通矣。审道而行，量路而止；自我及物，先人后己；情无系于荣悴，心靡滞于愠喜，不养望于丘壑，不待价于城市；言行相顾，慎终犹始。有一于斯，郁为羽仪。

——北齐魏收《枕中篇》

【译文】

那些可为人师的先知先觉者，耳里听到的是君子的话语；高雅有道之士，邀游在经典学术的大海里，饱学文史，下笔有奇锋，谈话有胜理，孝顺友爱无以复加，已经与神明相通了。仔细观察，测度路途，然后决定行止；从我而推及他物，先替别人着想然后才轮到自己；情不系挂于荣盛衰败，心不滞留于怒怨欢喜，不退居山林以沽名钓誉，不奇货自居以售高价于朝市；言行一致，善始善终。有其中的一点，便可作为表率。

【原文】

比见诸达官身亡以后，子孙既失覆荫，多至贫寒，斗尺之间，参商是竞，岂唯自玷，乃更辱先，无论曲直，俱受毁。庄田水碾，既众有之，递相推倚，或至荒废。陆贾、石苞，皆古之贤达也，所以预为定分，将以绝其后争。吾每静思，深所叹服。

——唐代姚崇《遗令诫子孙文》

【译文】

近来看到一些达官贵人死后，子孙们失去庇护，遂大多变得贫寒，为了一斗一尺的家产，也要互相争夺，不仅玷污自己，更辱没祖先，不论谁

程颐（画像）

是谁非，都受到人们的讥笑和非议。庄田和水碾，是大家共同拥有的，由于互相推诿，都不负责管理，导致了荒废。陆贾、石苞都是古时贤明豁达的人，之所以在死前先分定家产，是为杜绝身后子孙的争夺。我每次静心思考，都对他们的做法深表赞叹和佩服。

【原文】

心兮本虚，应物无迹；操之有要，视为之则。蔽交于前，其中则迁；制之于外，以安其内。克己复礼，久而诚矣。

——宋代程颐《程子四箴》

【译文】

一个人的心原本是清净、虚空的，能顺应事物的变化而不留痕迹；守住本心的要领，就是以看为原则。如果一开始就看不清楚的话，内心就要迁移，本心就会受蒙蔽；不合礼的不要看，将其遏制于心外，以使心境得到安宁。约束、克制自己再履行礼数，久而久之心志就能够专一了。

【原文】

人心之动，因言以宣；发禁躁妄，内斯静专。矧是枢机，兴戎出好；吉凶荣辱，惟其所召。伤易则诞，伤烦则支；己肆物忤，出悖来违。非法不道，钦哉训辞！

——宋代程颐《程子四箴》

【译文】

人心的动摇是从语言开始的；平息躁动和妄念，内心就可以专注和宁静。说话是关键，能够引起争吵，也能带来交好；吉凶荣辱，往往由说话招致。说话过于随意，就显得很荒诞，别人听不懂你在说什么；说得过于繁杂，又显得支离破碎，使别人半天不得要领；说话太放肆就离道理远了，你说一些违背天道的话，应对你的往往也是一些违背天道的话。不符合道理、不符合礼仪的话，就不要去说，这是训教之言啊！

【原文】

后世子孙仕宦，有犯赃滥者，不得放归本家；亡殁之后，不得葬于大茔之中。不从吾志，非吾子孙。仰珙刊石，竖于堂屋东壁，以诏后世。

——北宋包拯家训

【译文】

后代子孙做官的人中，如有犯了贪污财物罪而被撤职的人，都不允许放回老家；死了以后，也不允许葬在祖坟上。不顺从我的志愿的，就不是我的子孙后代。希望包珙刻在石块上，把刻石竖立在堂屋东面的墙壁旁，用来告诫后代子孙。

【原文】

太子太傅疏广乞骸骨归乡里，天子赐金二十斤，太子赠以五十斤。广日令家具设酒食，请族人、故旧、宾客，相与娱乐。数问其家金余尚有几何，趣卖以共具。居岁余，广子孙窃谓其昆弟、老人、广所爱信者曰："子孙冀及君时颇立产业基址，今日饮食费且尽，宜从大人所劝，说君买田宅。"老人即以闲暇时为广言此计。广曰："吾岂老悖不念子孙哉！顾自有旧田庐，令子孙勤力其中，足以共衣食，与凡人齐。今复增益之，以为赢余，但教子孙怠惰耳。贤而多财则损其志，愚而多财则益其过。且夫富者，众之怨也。吾既亡，以教化子孙，不欲盖其过而生怨。"

——北宋司马光《四库全书·家范》

【译文】

太子太傅疏广向朝廷请求告老还乡，皇上赐给他黄金二十斤，太子又

有荣進意每奉順

悲陳於前遇歲時

奉觴爲壽歌舞嬉

三十丰士論雖惜

養帝公巳老矣

花列植前後與鄉

司马光隶书《王尚恭墓志》（局部）

赐给他五十斤。疏广每天命家里人摆酒设宴，款待本族人、朋友和宾客，与这些人吃酒娱乐。他好几次向家里人询问金子还剩下多少，让家里人把金子都卖掉来置办酒食。这样过了一年多，子孙们悄悄对疏广所敬重和信任的疏广的兄长说："子孙们都希望老人在朝廷的时候多挣下些产业田宅，现在家里将皇帝和太子赏赐的一点金子快要吃喝光了，他能够听从您的劝告，您应该劝说老人买一些田地房产，不要把钱都用于吃喝。"疏广的哥哥找机会把儿孙们的意思告诉了疏广。疏广说："我难道老糊涂了吗？我难道不懂得为儿孙们打算吗？我是觉得家里本来就有一些田地和房舍，如果他们能够勤俭持家，足够他们吃喝穿戴的，而且生活水平也能和一般人相同。现在再给他们添置一些家产，他们就会以为家里很有钱，这样只能让他们学得懒惰，没有什么好处。即便是贤惠的人，财产多了也会使他们

106

觉得有依赖而丧失奋发向上的志向；如果是愚蠢的人，财产多了更会因为放纵而增添他们的过失。而且，一般来讲，有钱的人，容易招致别人的怨恨。我就要死了，应该教育他们懂得这些道理。我不愿去增加他们的过失，也不愿让他们成为别人怨恨的对象。"

【原文】

忠、信、笃、敬，先存其在己者，然后望其在人。如在己者未尽，而以责人，人亦以此责我矣。今世之人能自省其忠、信、笃、敬者盖寡，能责人以忠、信、笃、敬者皆然也。虽然，在我者既尽，在人者也不必深责。今有人能尽其在我者固善矣，乃欲责人之似己，一或不满吾意，则疾之已甚，亦非有容德者，只益贻怨于人耳！

——宋代袁采《袁氏世范》

【译文】

忠诚、守信、厚道、恭敬，这些品德先要自身具备，然后才可能希望别人具有。如果自己在接人待物时没做到，反而苛求别人，别人只会责怪你过分。现在，能自我反省是否做到了待人忠诚、守信、厚道、恭敬的人很少，而以之来要求别人的却比比皆是。其实，即使自己在接人待物时做到了这些，也不必要求别人一定做到。现在有的人能够在接人待物时做到这些，确实是不错的，可是他想要别人也都像他一样，一时不称他的心，就狠狠地责备人家，这种人绝非有容人之德之人，是很容易与人结怨的。

【原文】

人能忍事，易以习熟，终至于人以非理相加，不可忍者，亦处之如常。不能忍事，亦易以习熟，终至于睚眦之怨深，不足较者，亦至交詈争讼，期以取胜而后已，不知其所失甚多。人能有定见，不为客气所使，则身心岂不大安宁！

——宋代袁采《袁氏世范》

【译文】

人如果善于忍耐，并且逐渐习以为常，即使别人对他很无礼，他也能不急不恼，和往常一样。人如果不善于忍耐，也逐渐习以为常，即使别人对他有一点儿小小的责怪，根本不值得去计较，也总是竭尽全力去打官司，不到取胜决不罢休，但他不知道自己失去的东西远远要比得到的多。人如果有明确的见解和主张，不为外界事物所干扰，那么他的身心就会得到极大的安宁。

【原文】

勉人为善，谏人为恶，固是美事，先须自省。若我之平昔自不能为，岂惟人不见听，亦反为人所薄。

——宋代袁采《袁氏世范》

【译文】

别人做了好事，对他进行勉励赞扬，别人做了坏事，对他进行规谏劝告，这当然是好事，但是必须事先反省自己。如果是自己平时也做不到的事，却要去规劝别人，别人不仅不会听取，反倒还会轻视你。

陆游（画像）

【原文】

世之贪夫，溪壑无餍，固不足责。至若常人之情，见他人服玩，不能不动，亦是一病。大抵人情慕其所无，厌其所有。但念此物若我有之，竟亦何用？使人歆美，于我何补？如是思之，贪求自息。若夫天性淡然，或学问已到者，固无待此也。

——南宋陆游《放翁家训》

【译文】

世上那些贪婪的人，他们的欲望往往是无法满足的，如同深沟一般难以填平，这是不足为怪的。至于一般人的心情，看见别人的华贵衣服和奇珍玩物，也不能不动心，这也是一种毛病。大部分人常常羡慕自己没有的东西，而不稀罕自己已有的东西。如果你仔细想一想，这物品若是我的，究竟又有什么用？让别人来羡慕，对我又有什么好处？如果能够这样想，贪婪之心自然就会消失。至于那些天性淡泊名利，或者学问已经到家的人，也就用不着这样做了。

【原文】

汝为吉州吏，但饮吉州水；一钱亦分明，谁能肆谗毁？聚俸嫁阿惜，择士教元礼。我食自可营，勿用念甘旨。衣穿听露肘，履破从见指，出门虽被嘲，归舍却睡美。益公名位重，凛若乔岳峙，汝以通家故，或许望燕几。得见已足荣，切勿有所启。又若杨诚斋，清介世莫比，一闻俗人言，三日归洗耳。但汝问起居，余事勿挂齿。希周有世好，敬叔乃乡里，岂惟能文辞，实以坚操履，相以勉讲学。事业在积累，仁义本何常，蹈之则君子。汝去三年归，我倘未即死。江中有鲤鱼，频寄书一纸。

——南宋陆游《陆游集·剑南诗稿·送子龙赴吉州掾》

【译文】

你身为吉州的官员，只饮吉州的水，一枚小钱也公私分明，谁还敢背地里议论你呢？你要积聚俸禄给长女阿惜出嫁用，要选择学问好的老师来教育长子元礼。我自己会安排好饮食，用不着你挂念。衣服破了，大不了露出手肘，鞋子破了，大不了露出脚丫，这样出门虽然会被人嘲笑，但到了归处就可以美美地睡觉了。益国公好像高山一样受人敬重，凭着世交旧好，你或许可以受到接见。能见到就算很荣幸了，一定不要提出什么要求。再如杨万里，清正廉洁无人可比，他一听见俗人说俗话，就认为把他的耳朵弄污秽了，回家后还要洗耳三天。你去时，只可问有关起居的事，其他

什么都不要说。陈希周是世交好友，杜敬叔是同乡，他们不但能诗善文，而且能坚持正直廉洁的操行，可以和他们一起切磋学问。事业的成功在于积累，仁义本来不是天生或者为某些人所独有，只要认真坚持实践，就可以成为一个品德完美的君子。你三年后才能回来，我倘若还健在，你要经常寄书信回家。

【原文】

凡在仕宦，以廉勤为本。人之才性，各有短长，固难勉强，唯廉勤二字，人人可至。廉勤所以处己，和顺所以接物，与人和则可以安身，可以远害矣。

——南宋赵鼎《家训笔录·第二项》

【译文】

凡是做官的人，都应该以廉洁、勤快为根本。因为人的才能各有长短，强求不来，但是"廉""勤"二字，人人都可以做到。廉洁、勤快是对待自己的准则，和顺是对人的准则，与人和气就可以安身，就可以远离祸害。

【原文】

夫事有本末，知愚贤不肖者本，贫富贵贱者末，得其本则末随，趋其末则本末俱废。今行孝悌，本仁义，则为贤为知。贤知之人，众所尊仰，箪瓢为奉，陋巷为居，己固有以自乐，人不敢以贫贱轻之，岂非得其本而末自随？夫慕爵位，贪财利，则非贤非知。非贤非知之人，人所鄙贱，虽纡青紫，怀金玉，其胸襟未必通晓义理，己无以自乐，人亦莫不鄙贱之，岂非趋其末而本末俱废乎？

——南宋陆九韶《居家正本》

【译文】

大凡事情都有本有末，才智道德是本，钱财官运是末，有了根本，那么那些末就跟随而来，只追求末，那么本和末都会丧失。如今那些注重孝悌，推行仁义者，是贤能智者。贤智者，受到人们的尊敬，虽然饮食住房简陋，但能够自得其乐，人们也不敢因为贫穷和地位低下而看不起他，这难道不是有了本而末就跟随而来吗？那些贪慕高官厚禄和钱财的人，都不是贤能聪明的人。既不贤能，又不聪明，这种人就会受到人们的鄙视，即使腰系青紫、袖怀金玉、地位再高，而他的胸襟狭窄，不通义理，自己也不会觉得有趣，而人们也没有不鄙视他的，这难道不是因为舍本求末而本末都一起丧失了吗？

【原文】

吾辈处末世，勿以己之长而盖人，勿以己之善而形人，勿以己之多能而困人。收敛才智，若无若虚，见人过失，且涵容而掩覆之：一则令其可改，一则令其有所顾忌而不敢纵。见人有微长可取、小善可录，翻然舍己而从之，且为艳称而广述之。凡日用间，发一言，行一事，全不为自己起念，全是为物立则，此大人天下为公之度也。

——明代袁黄《了凡四训》

【译文】

我们正处在社会风气败坏的时代，不要用自己的长处来盖过别人，不要用自己的善行来与别人相比，不要用自己的才能来难为别人。应该收敛自己的才智，让自己似乎没有什么才能一样，看到别人的过失，要能宽容并尽量帮他遮掩：一来让他有改正的机会，二来也让他有所顾忌而不敢放纵。看到别人有一点长处可取，有一点善行可以记录，要立刻舍弃自己的来学习，而且要大加称赞与宣扬。凡是在日常生活之中，说一句话，

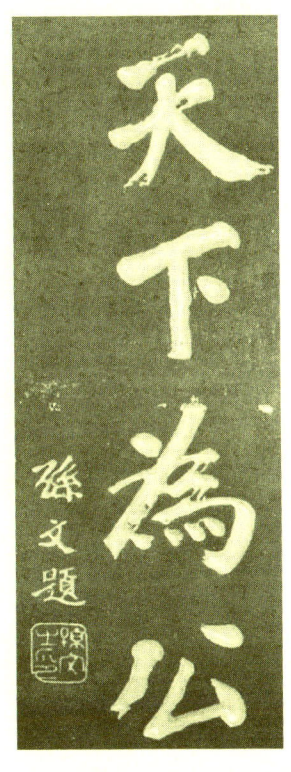

孙中山先生题"天下为公"

做一件事，都不是出于为自己的私心，而是要为社会树立典范的，才是君子"天下为公"的气度。

【原文】

何谓劝人为善？生为人类，孰无良心？世路役役，最易没溺。凡与人相处，当方便提撕，开其迷惑。譬犹长夜大梦，而令之一觉；譬犹久陷烦恼，而拔之清凉：为惠最博。韩愈云："一时劝人以口，百世劝人以书。"较之与人为善，虽有形迹，然对症发药，时有奇效，不可废也。失言失人，当反吾智。

——明代袁黄《了凡四训》

【译文】

什么叫劝人为善？作为一个人，谁没有良心？但人在世上走，很容易沉迷堕落。因此，凡是与人相处，应当在合适的时候指点、提醒别人，打开他们的迷惑。就好像在长夜漫漫的梦境中，让他们觉醒过来；又好像有人长久地陷入烦恼，要当头棒喝，把他唤醒，这样做的恩惠最为广博。韩愈说："短时间规劝别人要用口，要在百世里劝人就要用书。"这种劝人为善的方法和与人为善相比较，虽然把痕迹显露在外，但这是对症下药，时常会有神奇的效果，所以不可以废除。如果出现对不该说的人进行规劝和对该说的人没有规劝的情形，那就应当反过来考察自己的智慧。

【原文】

言恒患不能信，行恒患不能善，学恒患不能正，虑恒患不能远，改过患不能勇，临事患不能辨，制义患乎巽懦，御人患乎刚褊。汝之所患，岂特此耶？夫焉可以不勉？

——明代方孝孺《家人箴》之一：自省

【译文】

说话要讲信义；要多做好事；求学要致力于儒家之正宗，不信旁门邪说；考虑问题要思想深邃，目光远大；改正错误要有勇气；处理事务要明辨是非；应试作文忌讳文风不正、人云亦云；应有独到见解，治理（为官、持家）不可刚愎自用、心腹狭隘。我所考虑的事岂止这些？你们有什么理由不勉励自己时常自省呢？

【原文】

凡人于无事之时，常如有事而防范其未然，则自然事不生。若有事之时，却如无事，以定其虑，则其事亦自然消失矣。古人云："心欲小而胆欲大。"遇事当如此处也。

——清代康熙《庭训格言》

【译文】

凡是在无事的时候，应保持一种有事在身的状态以便防范可能发生的问题，这样，就不会有任何意外之事发生。如果在有事的时候，能够像没事一样泰然自若，静定自己的思虑，那么，事情就会在迎刃而解中自然消失。古人说："心要小而胆要大。"遇事都应该如此啊！

【原文】

凡人孰能无过？但人有过，多不自任为过。朕则不然。于闲言中偶有遗忘而误怪他人者，必自任其过，而曰："此朕之误也。"惟其如此，使令人等竟至为所感动而自觉不安者有之。大凡能自任过者，大人居多也。

——清代康熙《庭训格言》

【译文】

作为一个人我们谁能没有过失呢？只是人们有了过失，往往不愿意主动正视过失承担责任。我就不是这样的。平常和人闲谈偶有因为遗忘而错怪他人，察觉之后，我一定会主动承认错误，并且说："这是我的过错啊！"正因为这样，有时候竟至于使人大为感动并且觉得不安起来。大凡能够主动正视过失承担责任的人，大多是德行高尚的人。

【原文】

凡人存善念，天必绥之福禄以善报之。今人日持珠敬佛，欲行善之故也。苟恶念不除，即持念珠，何益？

——清代康熙《庭训格言》

【译文】

大凡一个人心存善念，上天一定会用福分和禄位来善报于他。现在的人每天手持念珠礼拜佛祖，是发心行善的缘故。但如果恶念不除，即使是手持念珠，又有什么益处呢？

【原文】

人惟一心，起为念虑。念虑之正与不正，只在顷刻之间。若一念不正顷刻而知之，即从而正之，自不至离道之远。《书》曰："惟圣罔念作狂，惟狂克念作圣。"一念之微，静以存之，动则察之，必使俯仰无愧，方是实在工夫。是故古人治心，防于念之初生、情之未起，所以用力甚微而收功甚巨也。

——清代康熙《庭训格言》

旧版本清代康熙《庭训格言》

【译文】

人就在于一颗心，心一动便成为意念与思虑，意念与思虑是否纯正，只看产生的一刹那。如果一个念头不纯正，但很快能察觉，并且随即加以纠正，自然不至于离正道很远。《尚书》上说："即便是圣明之人，若放纵欲念，也可能成为狂野之人；即便是狂野之人，如果能克制欲念，也可能变成一个圣明之人。"一念很微妙，它存于心中，稍微一动我们就可察觉，起心动念要能无愧于人，这才是涵养。所以，古人修炼心性，防范于意念刚刚产生之时，用心于情绪尚未产生之际，所以圣人修心用力少但成效大。

【原文】

抑余又有诚汝者，汝随余在两湖，固总督大人之贵介子也，无人不恭待汝，今则去国万里矣，汝平日所挟以傲人者，将不复可挟，万一不幸肇祸，反足贻堂上以忧。汝此后当自视为贫民，为贱卒，苦身戮力，以从事于所学，不特得学问上之益，且可藉是磨练身心，即后日得余之庇，毕业而后，得一官一职，亦可深知在下者之苦，而不致自智自雄。余五旬外之人也，服官一品，名满天下，然犹兢兢也，常自恐惧，不敢放恣。

——清代张之洞《诫子书》

【译文】

我还要告诫你的是，你跟着我在湖南湖北，名义上是总督大人的贵公子，没有人敢不恭敬你，而现在你远在国外，你平时那些可以依仗来轻视他人的条件都没有了，万一不小心生出祸端，反而让我们做父母的十分担忧。你今后应该把自己看成贫苦的百姓，或者地位低下的士兵，吃苦尽力，用这种态度来求学，这样不仅对你学习有好处，还能借此来磨

1903 年，河北保定，张之洞与英国军官合影

炼身心，就算以后得到我的庇荫，在毕业之后，谋得一官半职，也能深切了解底层百姓的艰苦，而不至于自认为聪明，自认为杰出。我已是五十岁开外的人了，官居一品，天下闻名，但还是要小心谨慎，常常担心自己做错事，不敢放纵。

【原文】

一、敬——整齐严肃，无时不惧。无事时，心在腔子里。应事时，专一不杂。清明在躬，如日之升。

二、静坐——每日不拘何时，静坐四刻，体验来复之仁心。正位凝命，如鼎之镇。

三、早起——黎明即起。醒后勿沾恋。

四、读书不二——一书未完，不看他书。东翻西阅，徒务外为人。

五、读史——丙申年，购念三史。大人曰尔借钱买书，吾不惜极力为尔弥缝。尔能圈点一遍，则不负我矣。嗣后每日圈点十页，间断不孝。

六、谨言——刻刻留心，第一工夫。

七、养气——气藏丹田。无不可对人言之事。

八、保身——十二月奉大人手谕曰："节劳、节欲、节饮食。时时当作养病。"

九、日知所亡——每日读书，记录心得语，有求深意是徇人。

十、月无忘所能——每月作诗文数首，以验积理之多寡，养气之盛否。可一味耽著，最易溺心丧志。

——清代曾国藩《曾文正公全集》

【译文】

一、敬——整齐严肃，时刻都心怀惧意。没有事情时，身心安泰，应对事情时，要心神专一。心在身体之内，要像太阳刚升起时一样清明。

二、静坐——每天不管什么时候，都要抽出时间静坐四刻，体验反复往来的仁心。心神正直，身体就像鼎一般固实。

三、早起——天一亮就起。醒来后不要贪恋被窝。

四、读书不二——一本书还没有看完，就不去看别的书，不要东翻西阅，去追求一些表面的知识。

五、读史——丙申年，买来三史阅读。父亲说你借钱买书，我会尽力替你归还。你如能把这些书圈点一遍，就是没有辜负我。从此以后每天圈点十页，若间断了，就是不孝。

六、谨言——对此每时每刻都要留心，这是首要之功夫。

七、养气——气存丹田。内心坦荡，没有不可告人之事。

八、保身——十二月，接到父亲的手谕，要我"节劳、节欲、节饮食，时时刻刻好比在养病一般"。

九、日知所亡——每天读书，都要把心得记录下来，并探求其中的深意。

十、月无忘所能——每个月写作几首诗文，以检验自己获得了多少道理，积养的正气是否旺盛。但如果沉溺于这些东西，也最容易让人丧失斗志。

【原文】

澄侯四弟左右：

弟言家中子弟，无不谦者，此却未然。凡畏人不敢妄议论者，谨慎者也。凡好讥评人短者，骄傲者也。谚云："富家子弟多骄，贵家子弟多傲。"非必锦衣玉食，动手打人，而后谓之骄傲也。但使志得意满，毫无畏忌，开口议人短长，即是极骄傲耳。

余正月初四日信中，言戒骄字，以不轻非笑人为第一义。望弟弟常猛省，并戒子弟也。（咸丰十一年（1861年）二月初四日）

——清代曾国藩《曾国藩家书》

【译文】

澄侯四弟左右：

弟弟说家里子弟，没有不谦和的，这并非如此。凡因为惧怕别人而不

敢妄加议论别人的，属于谨慎谦和的人。凡喜欢讽刺批评别人短处的人，属于骄傲的人。谚语说："富家子弟多骄，贵家子弟多傲。"不是一定要锦衣玉食，动手打人，才叫骄傲。就是自己感到得志，感到满意，没有畏忌，开口议人短长，便叫极骄极傲了。

我正月初四日信里，说了曾嘱咐你切忌骄傲，要以不轻易非议笑讥笑别人为第一要义。希望弟弟常常猛省，并且告诫子弟。（咸丰十一年二月初四日）

【原文】

澄温沅季四位老弟左右：

诸弟在家，总宜教子侄守勤敬，吾在外，既有权势，则家中子侄，最易流于骄，流于佚，二字者，败家之道也，万望诸弟刻刻留心，勿使后辈近于此二字，至要至要。（咸丰四年九月十三日）

——清代曾国藩《曾国藩家书》

【译文】

澄、温、沅、季四位老弟左右：

弟弟们在家，总要教育子侄辈遵守"勤敬"二字，我在外，既有了权势，那么家里的子侄最容易产生骄傲奢侈、放荡不羁。"骄佚"二字，正是败家之道，万万希望弟弟们时刻留心，不要让子侄们近这两个字，这一点至关紧要！（咸丰四年九月十三日）

【原文】

字谕纪泽儿：

尔幸托祖父余荫，衣食丰适，宽然无虑，遂尔酣豢佚乐，不复以读书立身为事。古人云："劳则善心生，佚则淫心生。"孟子曰："生于忧患，死于安乐。"吾忧尔之过于佚也。（咸丰六年十月初二日）

——清代曾国藩《曾国藩家书》

118

【译文】

字谕纪泽儿：

　　你幸亏依托祖父的余荫，吃的穿的丰盛合适，没有顾虑，以致你便贪恋快乐，不再以读书自立为志向。古人说："勤劳的人会养成好的思想，懒惰的人会促长淫乐的心理。"孟子说："处在忧患中，容易使人上进，充满生机；生在安乐中，容易因懈惰而自取灭亡。"我很忧虑你的过于快乐的状态。（咸丰六年十月初二日）

二、家训故事

1. 张绪教导儿子要勤勉

　　张绪是我国古代南北朝时人，他为人正直，克己奉公，学问渊博，在京城里主管高等学府，深得人们的赞赏。张绪有个儿子叫张充，张充人很聪明，可是由于家里人的过分宠爱、娇惯，张充喜欢游玩，为人也不拘小节，20多岁了还只知道吃喝玩乐、游山玩水。张绪又长年在外，家里人拿张充也没办法。一次，张绪回家探望家人，刚到西城郭，便看见儿子到郊外打猎，张绪见状也没有责怪他，而是一语双关地问："一身两役，无乃劳乎？"张充面有愧色，回答："充闻三十而立，今二十九矣，请至来岁而敬易之。"张绪便鼓励他说："过而能改，颜氏子有焉。"

　　一日，张绪把儿子张充叫到书房，语重心长地对他说："你已经是个大人了，不抓紧时间读点书，长点知识，就这样玩鹰牵狗地消磨时光，你会后悔的呀！"稍停片刻，张绪又不无痛悔地说："你今天成这个样子，我也有不少责任，我对你管得太少了。"一席话，说得张充惭愧地低下了头。接着，张绪又和张充谈古人书中的训诫，谈自己生活道路上的得与失，帮助张充重新选择奋起的目标。张充在张绪的教育下，终于逐渐明白了做人的道理。他果决地告别了以前那种浪荡轻狂的生活，开始刻苦读书，并虚心地向别人请教，最终成为与其叔父张稷一样有名望的人。

2. 代子谦让的张廷玉

张廷玉是清朝有名的重臣，雍正初晋大学士，后兼任军机大臣。张廷玉虽身居高官，却从不为子女们谋求私利。他秉承其父张英的教诲，要求子女们以"知足为诫"，其代子谦让一事即为突出的例子。

张廷玉的长子张若霭在经过乡试、会试之后，于雍正十一年（1733 年）三月参加了殿试。诸大臣阅卷后，将密封的试卷进呈雍正帝亲览定夺。雍正帝在看至第五本时，认为此考生的论述言辞恳切，"颇得古大臣之风"，遂

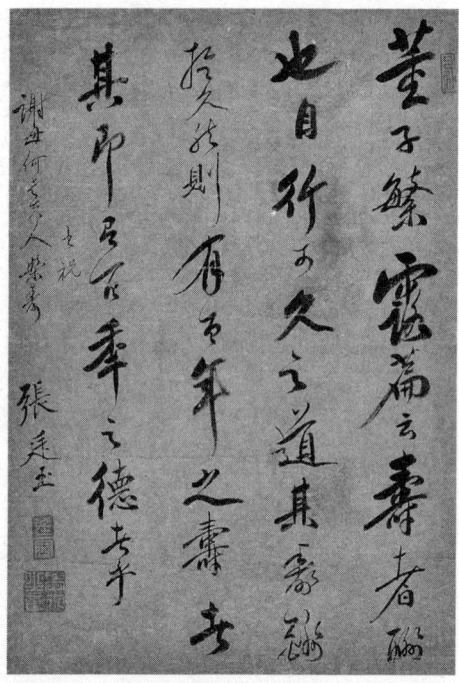

张廷玉书法手迹

将此考生拔置一甲三名，即探花。后来拆开卷子，方知此人即大学士张廷玉之子张若霭。雍正帝十分欣慰，他说："大臣子弟能知忠君爱国之心，异日必能为国家抒诚宜力。大学士张廷玉立朝数十年，清忠和厚，始终不渝。张廷玉朝夕在朕左右，勤劳翊赞，时时以尧舜期朕，朕亦以皋、夔期之。张若霭秉承家教，兼之世德所钟，故能若此。"并指出，此事"非独家瑞，亦国之庆也"。

可是张廷玉却不这么认为，当他得知消息后恳切地向雍正帝表示，自己身为朝廷大臣，儿子又登一甲三名，实有不妥。他说："天下人才众多，三年大比，莫不望为鼎甲。臣蒙恩现居官府，而犬子张若霭登一甲三名，占寒士之先，于心实有不安，倘蒙皇恩，名列二甲，已为荣幸。"张廷玉是深知一、二甲的这一差别的，但是为了给儿子留个上进的机会，他还是提出了改为二甲的要求，并再次恳求："皇上至公，以臣子一日之长，蒙

拔鼎甲。但臣家已备沐恩荣，臣愿让与天下寒士，求皇上怜臣愚忠。若君恩祖德，佑庇臣子，留其福分，以为将来上进之阶，更为美事。"张廷玉"陈奏之时，情词恳至"，雍正帝"不得不勉从其请"，将张若霭改为二甲一名。不久，在张榜的同时，雍正帝为此事特颁谕旨，表彰张廷玉代子谦让的美德，并让普天下之士子共知之。

可喜的是其子张若霭十分理解父亲的做法，而且不负父亲的厚望，在学业上不断进取，后来在南书房、军机处任职时，尽职尽责，颇有乃父之风。其父能秉低调做人之原则，而其子又不负众望，能行高标之事，实在是皆大欢喜。

3. 叶圣陶的教子心得

叶圣陶，又名叶绍钧，我国现代著名作家、教育家。长期从事教育工作，曾当过教员和编辑。1949 年后，曾任中央人民政府出版总署副署长、中央文史研究馆馆长、全国政协副主席等职。著有长篇小说《倪焕之》，短篇小说《多收了三五斗》《隔膜》等，主要作品收入多卷本《叶圣陶集》。对于教子，叶圣陶有自己的理解，他在一篇文章《做了父亲》里面提出了自己对儿女的期望：

教育是专家的事业，这句话近来几成口号，但这意义仿佛向来被承认的。然而一为父母就得兼充专家也是事实。非专家的专家担起教育的责任来，大概走两条路：一是尽许多不需要的心，结果是"非徒无益，而又害之"；一是结与一个"无所有"，本应在儿女的生活中充实些什么的，却并没有把该充实的充实进去。

自家反省，非意识地走着的是后面的一条，虽然也像一般父亲一样，被一家人用作镇压孩子的偶像，于没法对付时，便"爹爹，你看某某！"这样喊出来；有时被引动了感情，骂一顿甚至打一顿的事情也有；但收场往往像两个孩子争闹似的，说着"你不那样，我也不这样了"的话，其意若曰彼此再别说这些，重复和好了吧。这中间，积极的教训之类是没有的。

不自命为"名父"的，大多走与我同样的路。

自家就没有什么把握，一切都在学习试练之中，怎么能给后一代人豫先把立身处世的道理规定好了教他们呢？

学校，我想也不是与儿女有什么了不起的关系的。学一些符号，懂得一些常识，交几多朋友，度几多岁月，如是而已。

以前曾经担过忧虑，因为自家是小学教员出身，知道小学的情形比较清楚，以为像模像样的小学太少了，儿女达到入学年龄时将无处可送。现在儿女三个都进了学校，学校也不见得特别好，但我毫无存勉强迁就的意思。一定要有理想的小学才把儿女送去，这无异看儿女作特别珍贵特别柔弱的花草，所以须保藏在装着热气管的玻璃花房里。特别珍贵么，除了有些国家的贵胄华族以外，谁也不肯给儿女作这样的夸大口吻。特别柔弱么，那又是心所不甘的，要抵挡得风雨，经历得霜雪，这才欢喜。——我现在作这样想，自笑以前的忧虑殊无谓。

何况世间为生活所限制，连小学都不得进的也很多，他们一样要挺直身躯立定脚跟做人；学校好坏于人究竟有何等程度的关系呢？——这样想时，以前的忧虑尤见得我的浅陋了。

水流心不竞
云在意俱迟
一九八一年 叶圣陶

叶圣陶楷书五言联

我这方面既给与一个"无所有"，学校方面又没什么了不起的关系，这就拦到了角隅里，儿女的生长只有在环境的限制之内，用他们自己的心思能力去应付一切。这里所谓环境，包括他们所有遭值的事故人物，一饮一啄，一猫一狗，父母教师，街市田野，都在里头。

父亲真欲帮助儿女，仅有一途，就是诱导他们，让他们锻炼这种心思、能力。若去请教专家的教育者，当然，他将说出许多微妙的理论，但要义恐怕也不外乎此。

可是，怎样诱导呢？我就茫然了。虽然知道应该往哪一方向走，但没有走去的实力，只得站住在这里，搓着空空的一双手，与不曾知道方向的并没有两样。我很明白，对儿女最抱歉的就在这一点。将来送不送他们进大学倒没有关系。因为适宜的诱导是在他们生命的机械里加燃料，而送进大学仅是给他们文凭、地位，以便剥削别人而已（有人说振兴大学教育可以救国，不知如何，我总不甚相信，却往往想到这样不体面的结论上去）。

他们应付环境不得其当甚至应付不了时，定将怅然自失，心里想，如果父亲早给与点帮助，或者不至于这样无所措吧；这种归咎，我不想躲避，也是不能躲避的。

对于儿女也有我的希望。

一语而已，希望他们胜似我。

文章中叶圣陶对子女期望多多，生活中对子女的教育是非常严格的，比如，叶圣陶让儿子递给他一支笔，儿子随手递过去，不想把笔头交到了父亲手里，父亲便说："递一件东西给人家，要想着人家接到手里方便不方便，一支笔，是不是脱下笔帽就能写；你把笔头递过去，人家还要把它倒转来，倘若没有笔帽，还要弄人家一手墨水。刀子剪子这一些东西更是这样，决不可以拿刀口刀尖对着人家，万一把人家的手戳破了呢。"

比如叶圣陶告诉儿子，开关房门要想到屋里还有别人，不可以"砰"的一声把门推开，"砰"的一声把门关上，要轻轻地开，轻轻地关。

正是由于叶圣陶的严格教育，叶至诚从小便养成了许多好习惯，也从小便懂得了这样一个道理："我是生活在人们中间的，在我以外，更有他人，要时时处处替他人着想。"

三、家训自悟

君子食无求饱，居无求安，敏于事而慎于言，就有道而正焉，可谓好学也已。

——《论语·学而》

不患人之不己知，患不知人也。

——《论语·学而》

己所不欲，勿施于人。

——《论语·颜渊》

见贤思齐焉，见不贤而内自省也。

——《论语·里仁》

君子坦荡荡，小人长戚戚。

——《论语·述而》

文质彬彬，然后君子。

——《论语·雍也》

知者不惑，仁者不忧，勇者不惧。

——《论语·子罕》

岁寒，然后知松柏之后凋也。

——《论语·子罕》

吾日三省吾身：为人谋而不忠乎？与朋友交而不信乎？传不习乎？

——《论语·学而》

吾十有五而志于学，三十而立，四十而不惑，五十而知天命，六十而耳顺，七十而从心所欲，不逾矩。

——《论语·为政》

人或毁己，当退而求之于身。若己有可毁之行，则彼言当矣；若己无可毁之行，则彼言妄矣。当则无怨于彼，妄则无害于身。止谤莫如自修。

——三国魏时王昶《戒子侄》

勿以恶小而为之，勿以善小而不为。惟德惟贤，能服于人。

——三国时期刘备《敕后主辞》

恭为德首，慎为行基，愿汝等言则忠信，行则笃敬。无口许人以财，无传不经之谈，

无听毁誉之语。闻人之过，耳可得受，口不得宣。思而后动。

——西晋羊祜《戒子》

万物有丑好，各一姿状分。唯人即不尔，学与不学论。

学非探其花，要自拔其根。孝友与诚实，而不忘尔言。

根本既深实，柯枝自滋繁。念尔无忽此，期以庆吾门。

——唐代杜牧《留诲曹师等诗》

藏精于晦者则明，养神于静则安。晦所以蓄用，静所以应动，善蓄者不竭，善应者无穷。

——北宋欧阳修《示子》

人虽至愚，责人则明；虽有聪明，恕己则昏。尔但常以责人之心责己，恕己之心恕人，不患不到圣贤地位也。

——北宋范纯仁《戒子弟言》

才不宜露，势不宜恃，享不宜过。能含蓄退逊，留有余不尽，自有无限受用。淡泊二字最好。淡，恬淡也，泊，安泊也。恬淡安泊，无他妄念，此心多少快活！看圣贤千言万语，无非教人做个好人，人谓做好人难，余

老话说得好

——青少年不可不知的家规家训

范纯仁（画像）

谓极易。不做不好人，便是好人。

——南宋江端友《戒子》

做好人，眼前觉得不便宜，总算来是大便宜。做不好人，眼前觉得便宜，总算来是大不便宜。千古以来，成败昭然，如何迷人尚不觉悟？真是可哀！吾为子孙发此真切诚恳之语，不可草草看过。

以孝悌为本，以忠信为主，以廉洁为先，以诚实为要，临事让人一步，自有余地；临财放宽一分，自有余味。

善须是积，今日积，明日积，积小便大。一念之差，一言之差，一事之差，有因而丧身亡家者，岂不可畏也！

——明代高攀龙《高氏家训》

贫贱而不可无者，节也贞也；富贵而不可有者，意气之盈也。

——明代方孝孺《家人箴》

阿谀从人可羞，刚愎自用可恶，不执不阿，是为中道。

——明代姚舜牧《药言》

能容人，是大器。凡做人，在心地。心地好，是良士。心地恶，是凶类。

——明代庞尚鹏《庞氏家训》

远邪佞，是官家教子弟第一义。远耻辱，是贫家教子弟第一义。至于科第文章，总是儿郎自家本事。

——明代温璜述《温氏母训》

坐谈莫说闲话，莫说人家长短，莫发人隐事。

——明代周怡《示儿书》

丈夫处世，发奋自强，何事不可为，何地不能到，乃忌人才能，忌人学问，忌人富贵？

——明代王汝梅《王氏家训》

秀才不入社，做官不入党，便有一半身分。

鸟必择木而栖，附托匪人者，必有危身之祸。

语云："身贵于物。"汲汲为利，汲汲为名，俱非尊生之术。

官长之前，止可将敬，不可逐膻。

毋为财货迷。

立身无愧，何愁鼠辈。

勿贪意外之财，勿饮过量之酒。

俭以养廉。

真心实作，无不可图之功。

知有己不知有人，闻人过不闻己过，此锅本也。故自私之念，萌则铲之，谗谀之徒至则却之。

——明代吴麟徵《家诫要言》

予之立训，更无多言，止有四语：读书者不贱，守田者不饥，积德者不倾，择交者不败。

人家不论大小，总看此身起。此身正，贫贱也成个人家，富贵也成个人家，即不能大好，也站立得住……所以修身为急，教子孙为最重，然未有不能修身能教子孙者也。

——清代张英《聪训斋语》

隐人之过，成人之善……步步是德，步步可积。

——清代朱柏庐《劝言》

人家兴衰，只看后来人如何。后来人贤不肖未必是天生定，亦在人学不学尔。

——明代周怡《示儿》

言语忌说尽，聪明忌露尽，好事忌占尽。不独奇福难享，造物恶盈，即此三事不留余，人便侧目矣。……

——清代孙奇逢《孝友堂家训》

仗势凌人，势败人凌我；穷巷追狗，巷穷狗咬人。

不自恃而露才，不轻试而幸功。

静坐常思己过，闲谈莫论人非。

驭横切莫逞气，遇谤还要自修。

平生不作皱眉事，世上应无切齿人。

饶人不是痴汉，痴汉不会饶人。

钱财如粪土，仁义值于金。

千里不欺孤，独木不成林。

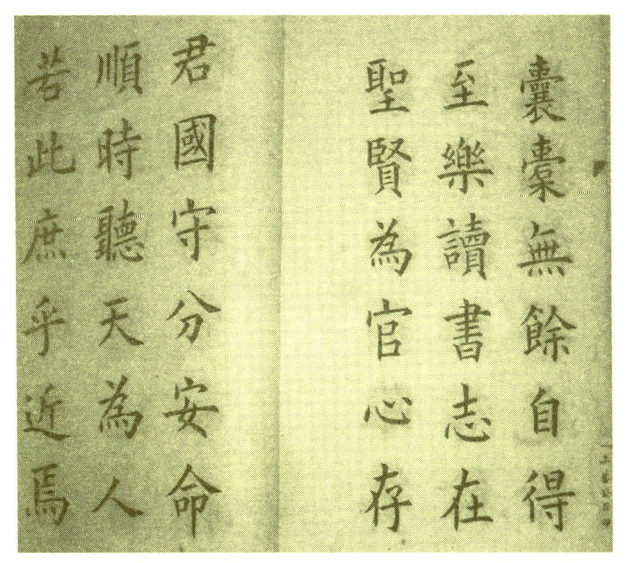

1917年上艺斋石印线装本朱柏庐《治家格言》

随时莫起趋时念，脱俗休存矫俗心。

气骨清如秋水，纵家徒四壁，终傲王公。

许人一物，千金不移。

一言既出，驷马难追。

心口如一，童叟无欺。人而无信，百事皆虚。

——《增广贤文》

见富贵而生谄容者最可耻，遇贫穷而作骄态者莫甚。

勿恃势力而凌逼孤寡，毋贪口福而姿杀生禽。

——《治家格言》

你素来有两个习惯：一是到别人家里，进了屋子，脱了大衣，却留着丝围巾；二是常常把手插在上衣口袋里，或是裤袋里。这两件都不合西洋的礼貌。围巾必须和大衣一同脱在衣帽间，不穿大衣时，也要除去围巾。手插在上衣袋里比在裤袋里更无礼貌，切忌切忌！何况还要使衣服走样，你所来往的圈子特别是有教育的圈子，一举一动务须特别留意。对客气的人，或是师长，或是老年人，说话时手要垂直，人要立直。你这种规矩成了习惯，一辈子都有好处。

在饭桌上，两手不拿刀叉时，也要平放在桌面上，不能放在桌下，搁在自己腿上或膝盖上。你只要留心别的有教养的青年就可知道。刀叉尤其不要掉在盘下，叮叮当当的！

总而言之，你要学习的不仅在音乐，还要在举动、态度、礼貌各方面吸收别人的长处。

说到骄傲，我细细分析之下，觉得你对人不够圆通固然是一个原因，人家见了你有自卑感也是一个原因，而你有时说话太直更是一个主要原因。例如你初见恩德，听了她弹琴，你说她简直不知所云。这说话方式当然有问题。倘能细细分析她的毛病，而不先用大帽子当头一压，听的人不是更好受些吗？有一夜快十点多了，你还要练琴，她劝你明天再练，你回答说：像你那样，我还会有成绩吗？对付人家的好意，用反批评的办法，自然不行。妈妈要你加衣，要你吃肉，你也常用这一类口吻。你惯了，不觉得；但恩德究不是亲姐妹，便是亲姐妹，有时也吃不消，这些毛病，我自己也常犯，但愿与你共勉之！——从这些小事情上推而广之，你我无意之间伤害人的事一定不大少，也难怪别人都说我们骄傲了。我平心静气思索以后，有此感想，不知你以为如何？

人越有名，不骄傲别人也会有骄傲之感，这也是常情，故我们自己更要谦和有礼！

1956 年，傅雷夫妇在上海寓所

　　我国社会南北发展太不平衡，一般都是过的苦日子，不是短时期所能扭转。你从小家庭生活过得比较好，害你今天不耳惯清苦的环境。若是棚户出身或是五六个人挤在一间阁楼上长大的，就不会对你眼前的情形叫苦了。我们决非埋怨你，你也是被过去的环境、教育、生活习惯养娇了的。可是你该知道现代的青年吃不了苦是最大的缺点（除了思想不正确之外），同学、同事、各级领导首先要注意到这一点。这是一个大关，每个年轻人都要过。闯得过的比闯不过的人多了几分力量，多了一重武装。

——《傅雷家书》

第七章　择益友远损友，把握交友之道

　　青少年是人生价值观形成的重要时期，也是学生自我认知意识和道德法制约束相碰撞的激烈时期，这一时间段中，如果能够慎重把握交友之道，选择益友，远离损友，并处理好与朋友的关系，将有益于自身健康成长。当我们遭遇挫折、危难时，特别需要朋友的帮助与支持，而这时也最能体现出谁是真正的朋友，因此我们在结交朋友时要有所选择。那么，我们应该选择哪些朋友进行交往，发展深厚的友谊呢？本章先贤们的一些家规家训可以给我们正确的答案。

一、家训集锦

【原文】

　　子曰："益者三友，损者三友。友直，友谅，友多闻，益矣。友便辟，友善柔，友便佞，损矣。"

——《论语·季氏》

【译文】

　　孔子说："有益的朋友有三种，有害的朋友也有三种。同正直的人交朋友，同实实在在的人交朋友，同见闻广博的人交朋友就会受益。同阿谀奉承的人交朋友，同当面恭维背后毁谤的人交朋友，同夸夸其谈的人交朋友，就会有害。"

【原文】

子曰："不患人之不己知，患不知人也。"

——《论语·学而》

【译文】

孔子说："不担心别人不了解自己，而应该担心自己是否了解别人。"

【原文】

子曰："始吾于人也，听其言而信其行，今吾于人也，听其言而观其行。"

——《论语·公冶长》

【译文】

孔子说："开始我对待别人，是听了他说的话后就相信他的行动，如今我对待别人，是听了他说的话后再看他的实际行动。"

【原文】

司马牛忧曰："人皆有兄弟，我独亡。"子夏曰："商闻之矣，死生有命，富贵在天。君子敬而无失，与人恭而有礼。四海之内，皆兄弟也——君子何患乎无兄弟也。"

——《论语·颜渊》

【译文】

司马牛忧郁地说："人们都有好兄弟，唯独我没有。"子夏说："我听说过，人的生死是命中注定的，而荣华富贵则要靠上天保佑。君子对工作诚敬而不犯过失，待人谦恭而合乎礼节。四海之内皆兄弟——君子又何必担心没有好兄弟呢？"

【原文】

孟子谓万章曰："一乡之善士斯友一乡之善士，一国之善士斯友一国之善士，天下之善士斯友天下之善士。以友天下之善士未足，又尚论古之人，颂其诗，读其书，不知其人，可乎？是以论其世也。是尚友也。"

——《孟子·万章下》

【译文】

孟子对万章说："一乡的优秀人才就和那一乡的优秀人才交朋友，一国的优秀人才就和一国的优秀人才交朋友，天下的优秀人才就和天下的优秀人才交朋友。如果认为结交天下的优秀人才还不够，便又进而追慕古代的人，吟诵他们的诗，研读他们的著作，却不了解这些人的为人，行吗？所以还要研究他们所处的时代。这就是进而与古人交朋友了。

【原文】

君子居必择乡，游必就士，所以防邪僻而近中正也。

——《荀子·劝学》

【译文】

君子定居一定要谨慎地选择好地方，外出必须和有学问有道德的人交往，这是为了防止受邪恶之人的影响，以接近正道。

荀况（画像，清殿藏本）

【原文】

非我而当者，吾师也；是我而当者，或友也；谄谀我者，吾贼也。故君子隆师而亲友，以致恶其贼。

——《荀子·修身》

【译文】

批评我而且恰当，这是我的老师；肯定我而且恰当，这是我的朋友；而一味奉承我的，则是害我的小人。因此，君子尊崇老师，亲近朋友，而极其厌恶那些溜须拍马的小人。

【原文】

与君子游，如长日加益，而不自知也；与小人游，如履薄冰，每履而下，几何而不陷乎哉？

—— 西汉戴德《大戴礼记·曾子疾病》

【译文】

和君子交游，如冬至后的白昼天天加长，而自己倒不觉得；和小人交游，好像在薄冰上走路一般，每踏一步冰层便下沉一点，哪有不会掉到冰层里面的呢？

【原文】

游必择友，不好苟交。

——东汉王充《论衡·自纪篇》

民国时期出版的《王充论衡》

【译文】

交游必须选择朋友，不要随便与人结交。

【原文】

夫交友之美，在于得贤，不可不详。而世之交者，不审择人，务合党众，违先圣人交友之义，此非厚己辅仁之谓也。吾观魏讽不修德行，而专以鸠合为务，华而不实，此直搅世沽名者也，卿其慎之，勿复与通。

——晋代陈寿《三国志·刘廙传》

【译文】

交朋友的好处，在于能得到有才能的人的帮助，因而交友时不能不保持仔细慎重的态度。而现在的人交朋友，不仔细选择对象，只是结党成群，违背了圣人交朋友的本义，这不是得益自己和辅助他人的交际。我看魏讽这个人不注重修炼品行，却专门搞小集团的勾当，华而不实，这简直是个搅乱世道、沽名钓誉的行为，你千万要谨慎，再也不要同他交往了。

【原文】

管宁、华歆共园中锄菜，见地有片金，管挥锄与瓦石不异，华捉而掷去之。又尝同席读书，有乘轩冕过门者，宁读如故，歆废席出看。宁割席分坐，曰："子非吾友也。"

——南朝刘义庆《世说新语·德行》

【译文】

管宁和华歆一起在园子里锄菜，看见地上有一块金子，管宁视金子如泥土，仍旧挥动锄头锄地，而华歆却将它拾起来，然后丢在一旁。他们又曾同坐于一张席子上读书，有人这时乘着华贵车子从门前经过，管宁不理会，照旧读着书，而华歆却放下书本去观看。于是，管宁割断座席，分成两半，说："你不是我的朋友。"

【原文】

人之居世，忽去便过。日月可爱也，故禹不爱尺璧而爱寸阴。时过不可还，若老大不可少也。欲汝早之，未必读书，并学作人。汝今逾郡县，越山河，离兄弟，去妻子者，欲令见举动之宜，效高人远节，闻一得二，志在善人，左右不可不慎。善否之要，在此际也。行止与人，务在饶之；言思乃出，行详乃动。皆用情实道理，违斯败矣。父欲令子善，唯不能杀身，其余无惜也。

——三国王修《诫子书》

【译文】

人生在世，很快就过去了。时光是非常宝贵的，所以大禹不喜欢直径达一尺的玉璧而去爱惜短暂的光阴。时间一去不复回，如同老人难回少年一样。希望你早有所成，一定要好好读书，并且学会怎样做人。你如今离乡背井，跋山涉水，与兄弟、妻子儿女相别，是想让你去见识行事做人，效仿道德高尚者的清远节操，并且能够举一反三，立志做一个道德完美的人，结交朋友一定要慎重。善恶好坏的关键也在这里。与人交往时的行为举止，一定要以让字当先；话要经过认真思考才能说，做事必须在经过周密准备之后才能进行。这中间还有一个真情实感的问题，违背了这一点，就会一事无成。父亲想让儿子好，除了不能杀身把生命送给儿子外，其余都在所不惜。

【原文】

交游之间，尤当审择，虽是同学，亦不可无亲疏之辨。此皆当请于先生，听其所教。大凡敦厚忠情，能言吾过者，益友也；其馅谀轻薄，傲慢亵狎，导人为恶者，损友也。

——南宋朱熹《与长子受之》

【译文】

交朋友尤其应谨慎选择。虽然都是同学，也不可以没有亲近或疏远的

分别。这都应该请示老师，听老师的指导。大抵为人敦厚、忠诚、信实，能改正自己缺失的，就是有益的朋友；而那些善于逢迎，轻浮、骄慢、随便，引诱人做坏事的，就是有害的朋友。

【原文】

汉丞相翟方进继母随方进之长安，织履，以资方进游学。

晋太尉陶侃，早孤贫，为县吏番阳，孝廉范逵尝过侃，时仓卒无以待宾，其母乃截发，得双髲以易酒肴。逵荐侃于庐江太守，召为督邮，由此得仕进。

——北宋司马光《四库全书·家范》

【译文】

汉代的丞相翟方进求学的时候，他的继母跟随他到长安，靠编草鞋赚钱来资助方进拜师求学。

晋代太尉陶侃，从小丧父，家里很穷，他担任番阳县吏之时，孝廉范逵来家探访，一时间家里没有东西招待客人，他的母亲就剪掉头发，用头发换来酒肴招待客人。后来，范逵向庐江太守推荐陶侃，太守就任命陶侃为督邮，陶侃从此进身仕途。

【原文】

人在年少，神情未定，所与款狎，熏渍陶染，言笑举动，无心于学，潜移暗化，自然似之；何况操履艺能，较明易习者也？是以与善人居，如入芝兰之室，久而自芳也；与恶人居，如入鲍鱼之肆，久而自臭也。墨子悲于染丝，是之谓矣。君子必慎交游焉。孔子曰："无友不如己者。"

——南北朝颜之推《颜氏家训》

【译文】

人在年轻时候，精神性情都还没有定型，和那些情投意合的朋友朝夕相处，受到他们的熏染，人家的一言一笑，一举一动，虽然没有存心去学，但是潜移默化之中，自然跟他们相似；何况操守德行和本领技能都是比较容易学到的东西呢？因此，与善人相处，就像进入满是芝草兰花香味的屋子中一样，时间一长自己也变得芬芳起来；与恶人相处，就像进入满是鲍鱼臭味的店铺一样，时间一长自己也变得腥臭起来。墨子因看见人们染丝而感叹，说的也就是这个意思。君子与人交往一定要慎重。孔子说："不要和不如自己的人交朋友。"

墨子（画像）

【原文】

世人多蔽，贵耳贱目，重遥轻近。少长周旋，如有贤哲，每相狎侮，不加礼敬；他乡异县，微借风声，延颈企踵，甚于饥渴。校其长短，核其精粗，或彼不能如此矣。所以鲁人谓孔子为东家丘，昔虞国宫之奇，少长于君，君狎之，不纳其谏，以至亡国，不可不留心也。

——南北朝颜之推《颜氏家训》

【译文】

常人多有一种偏见：对传闻的东西很感兴趣，对亲眼所见的东西则很轻视；对远处的事物很感兴趣，对近处的事物却不放在心上。从小一起长大的人，如有谁是贤能之士，人们也往往对他轻慢侮弄，而不是以礼相待；而处在远方异土的人，凭着那么点名声，就能令大家伸长脖子、踮起脚跟去朝思暮盼，那种心情好像比饥渴还难以忍受。他们饶有兴致地评说人家的优劣，不厌其烦地讲究人家的得失，好像那里的人不会如此似的。因此，鲁国的人称孔子为东家丘。先前，虞国的宫之奇年龄稍长于国君，国君就很轻视他，反而不能采纳他的意见，以致亡了国，这个教训不能不牢记在心。

139

【原文】

人之平居，欲近君子而远小人者。君子之言，多长厚端谨，此言先入于吾心，乃吾之临事，自然出于长厚端谨矣；小人之言多刻薄浮华，此言先入于吾心，及吾之临事，自然出于刻薄浮华矣。且如朝夕闻人尚气好凌人之言，吾亦将尚气好凌人而不觉矣；朝夕闻人游荡不事绳检之言，吾亦将游荡不事绳检而不觉矣。如此非一端，非大有定力，必不免渐染之患也。

——宋代袁采《袁氏世范》

【译文】

日常生活中，人们都想与君子结交而远离小人。君子的言论，大多忠厚老实、端庄严谨，有长者之风，这种言论先进入我的心中，等到我遇到事情的时候，我也自然而然会有忠厚老实、端庄严谨的长者风度；小人的言论却多为刻薄浮华之言，如果这种言论首先进入我的心中的话，等我在事情面前时，我自然而然也有了刻薄浮华的言论。正如早晚耳边充斥的都是盛气凌人之言，我也就变得盛气凌人而自己却不明白；早晚听那些游荡之人目无法纪的言论，我也变得喜欢游荡，目无法纪却不自知。像这样的情况出现得很多，如果没有很强的自控能力，必然免不了逐渐沾染的不良结果。

【原文】

乡曲士夫，有挟术以待人，近之不可，远之则难者，所谓君子中之小人，不可不防，虑其信义有失，为我之累也。农、工、商、贾、仆、隶之流，有天资忠厚可任以事、可委以财者，所谓小人中之君子，不可不知，宜稍抚之以恩，不复虑其诈欺也。

——宋代袁采《袁氏世范》

【译文】

乡村里面的一些人，有的在待人接物时玩弄手腕，离他近会被耍，离他远又被他责难，这就是所说的君子中的小人，对这种人不能不提防，害怕他不讲信义，连累了我们。在农民、手工业者、商人、奴仆等这一类人中，有天性忠厚老实、可以把事托付给他去办、可以把财物托付给他去保管的，这些人就是所说的小人中的君子，不能不了解这些人，应当用恩惠来安抚他们，这样就不必考虑他们会欺诈人了。

【原文】

世人有虑子弟血气未定，而酒色博弈之事，得以昏乱其心，寻至于失身破家，则拘之于家，严其出入，绝其交游，致其无所见闻，朴野蠢鄙，不近人情。殊不知此非良策。禁防一弛，情窦顿开，如火燎原，不可扑灭。况居之于家，无所用心，却密为不肖之事，与出外何异？不若时其出入，谨其交游，虽不肖之事习闻既熟，自能识破，必知愧而不为。纵试为之，亦不至于朴野蠢鄙，全为小人之所摇荡也。

——宋代袁采《袁氏世范》

【译文】

世上有人考虑到年轻人尚未成年，血气不足，好酒色、赌博这些事，会扰乱他们的心神，以至于丧失品德，败坏家业，于是把年轻子弟拘留在家里，严防他们的出入，断绝他们和外界的往来，以至于使这些年轻子弟孤陋寡闻，不懂得人情道理。这样教子并非良策，一旦对他们的管教松弛下来，这些年轻人的本性就会暴露，如同野火燎原，不可扑灭。况且把他们拘留在家里，整天无所事事，就会偷偷地做些不该做的事，这样一来和让他们外出有什么区别呢？不如按时让他们出去，告诉他们交朋友要谨慎，对于那些不该做的事他们眼见耳闻，心中有数，自然能够看得出来，一定知道羞愧而不做那样的事。即使试着去做那样的事，也不会孤陋寡闻，被小人愚弄。

【原文】

四位老弟左右：

凡事皆贵专。求师不专，则受益也不入；求友不专，则博爱而不亲。

心有所专宗，而博观他涂以扩其只，亦无不可，无所专宗，而见异思迁，此眩彼夺，则大不可。（道光二十四年正月二十六日）

——《曾国藩家书》

【译文】

四位老弟：

任何事情都贵在专一。求师不专，那受益也难步入顶峰；求友不专，那么大家都只是亲亲热热而没有至交。心里没有专一的宗旨，而见异思迁，这山望着那山高，是万万不可为的。（道光二十四年正月二十六日）

【原文】

澄候子植委洪三弟足下：

我自从己亥年在外把戏，至今以为恨事，将来万一作外官，或督抚，或学政，从前施情于我者，或数百，或数千，皆钓饵也。渠若到任上来，不应则失之刻薄，应之则施一报十，尚不足满其欲，故自庚子到京以来，于今八年，不肯轻受人惠，情愿人占的便益，断不肯我占人的便益，将来若作外官，京城以内，无责报于我者。澄弟在京年余，亦得略见其概矣，此次澄弟所受各家之情，成事不说，以后凡事不可占人半点便益，不可轻取人财，切记切记！（道光二十六年六月二十七日）

——《曾国藩家书》

【译文】

澄候、子植、季洪三位兄弟：

我自从己亥年到外面周游，到今天仍然感到遗憾，将来万一做外官，或做督抚，或做学政，以前对我有过感情的人，或者几百，或者几千，都像钓鱼的食饵。他们如果到我的衙门上来，不答应他们的要求吧，那未免太刻薄了，答应他们的要求吧，给他们十倍的报偿，还不一定能满足他的欲望，所以自从兄长调到京城以来，至今八年不肯轻易受别人的恩惠，情愿别人占我的便宜，决不能去占别人的便宜，将来如果做外官，京城以内，

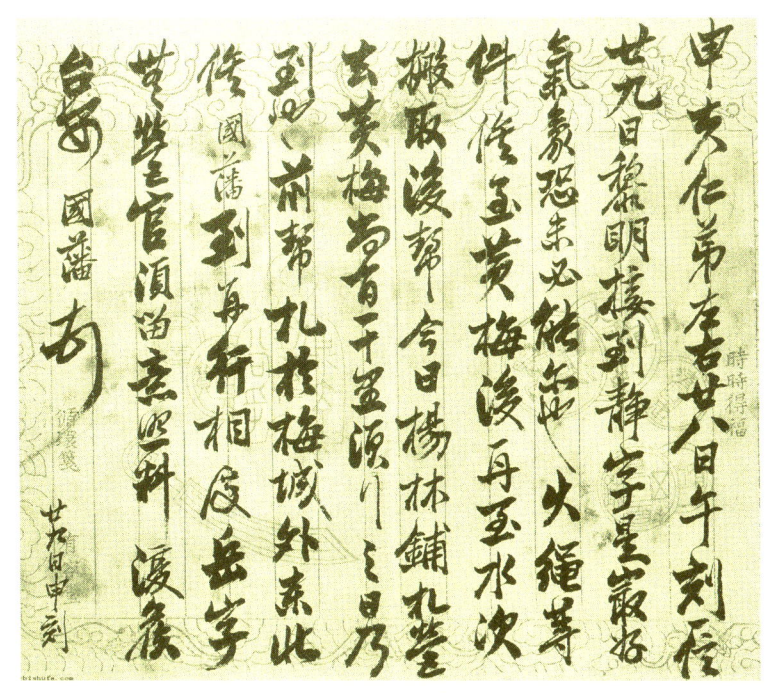

曾国藩的家书手迹

没有人会责备我不报偿。澄弟在京城一年多，也大概知道的，这次澄弟所收各家的情，成事不去说它，以后凡事不可以占人半点便宜，不可轻易受人钱财，切记切记！（道光二七年六月二十六日）

二、家训故事

1. 患难见真情的荀巨伯

晋代有一个叫荀巨伯的人，有一次去探望朋友，正逢朋友卧病在床，这时恰好敌军攻破城池，烧杀掳掠，百姓纷纷携妻挈子、四散逃难。朋友劝荀巨伯："我病得很重，走不动，活不了几天了，你自己赶快逃命去吧！"

荀巨伯却不肯走，他说："你把我看成什么人了？我远道而来，就是

战国鎏金虎符

为了看你。现在，敌军进城，你又病着，我怎么能扔下你不管呢？"说着便转身给朋友熬药去了。

朋友百般苦求，叫他快走，荀巨伯却端药倒水安慰他："你就安心养病吧，不要管我，天塌下来我替你顶着！"

这时"砰"的一声，门被踢开了，几个凶神恶煞般的士兵冲进来，冲着他喝道："你是什么人？如此大胆，全城人都跑光了，你为什么不跑？"

荀巨伯指着躺在床上的朋友说："我的朋友病得很重，我不能丢下他独自逃命。"并正气凛然地说："请你们别惊吓了我的朋友，有事找我好了。即使要我替朋友去死，我也绝不皱眉头！"

敌军一听愣了，听着荀巨伯的慷慨言语，看看荀巨伯的无畏态度，很是感动，说："想不到这里的人如此高尚，我们怎么好意思侵害他们呢？走吧！"说完，敌军撤走了。

患难时体现出的正义能产生如此巨大的威力，说来不能不令人惊叹。

这种朋友就是能够显示自己本色的人，他没有虚假的面具，能够与你真心交往，与你同甘共苦。这种人肯定不是浅薄之徒，他们有着丰富的精神世界，能帮助你不断地进取，成为你终生的骄傲。

2. 欧阳修和吕公著

孔子曾说："益者三友，损者三友。友直、友谅、友多闻，益矣。"他劝诫人们应多与优秀者交朋友。同这些人交往，能够增长知识，加强能力，扩大见识，明白事理，获取进步。一个优秀朋友的建议、及时的暗示或友善的劝告，可能为我们的生活开辟一条全新的道路。所以，多与优秀的人交往，他们会让你受益终身。

欧阳修是北宋时期著名的文学家、史学家和政治家，他在文学上取得了卓越的成就，创作了大量优秀的散文和诗词，尤其是他的散文，简洁流畅，丰富生动，富于感染力。欧阳修是唐宋八大家之一，他还为当时的文坛培养了一批人才，像苏洵、苏轼、苏辙、曾巩、王安石等文学家，都出自他的门下。

欧阳修在颍州（今安徽省阜阳市）府的时候，有位名叫吕公著的年轻人在他手下做事。有一次，欧阳修的朋友范仲淹路过颍州，顺便拜访他。欧阳修热情招待，并请吕公著作陪叙话。谈话间，范仲淹对吕公著说："近朱者赤，近墨者黑。你在欧阳修身边做事，真是太好了，应当多向他请教作文写诗的技巧。"吕公著点头称是。后来，在欧阳修的言传身教下，吕公著的写作能力提高得很快。

3. 近朱者赤，近墨者黑

胡适先生曾在一篇文章中写道："少年人的理想主义受打击之后，反动往往是很激烈的……我在新公学解散之后，得了两三百元的欠薪，前途茫茫，毫无把握，哪敢回家去？只好寄居在上海，想寻一件可以吃饭养家的事。在那个忧愁烦闷的时候，又遇着一班浪漫的朋友，我就跟着他们堕落了。"

胡适在《四十自述》中回忆，1909 年，各地学生运动陆续失败，中国

新公学也与中国公学合并了。他和几个朋友意气消沉，离开了学校，在外租了房子，靠索债、借债、典质衣物为生。

那是胡适生命中的沉沦期。跟着那帮"浪漫的朋友"不到两个月，打牌、吃花酒等不好的行为，胡适都学会了。他的生活一片混沌，学问没进步，只写了几首《酒醒》《纪梦》之类的诗。后来，王云五介绍胡适去华童公学教国文，不过胡适放荡的生活依然没有结束。

一天夜里，朋友们又约胡适去喝酒，酒后还一起打牌。回去的路上，

著名思想家、文字家、哲学家胡适

拉车的见胡适大醉，就把他推下车去，拿走了他的马褂和帽子。

胡适东倒西歪地在路上走，遇到一位巡捕。他向巡捕问路，随即耍起酒疯，巡捕只好吹哨子，叫来了一部空马车，由两个马夫帮忙捉住他送到了巡捕房。

第二天早晨胡适醒来时，发现身上没盖被子，只盖着一件潮湿的囚衣，急忙起来，看到铁栏和巡捕，才知道自己进了巡捕房。

胡适被送去审讯，因为是华童公学的老师，法官给留了面子，只罚款五元。

这件事对胡适的触动很大，他第一次对自己几个月的放荡生活进行了反省，最终决定打起精神从头开始。他与那帮不上进的朋友断了交往，闭门读书，考上了"庚款"留美官费生，开始了海外求学之路。

俗话说"近朱者赤，近墨者黑"，同类事物彼此吸引，相通相容，同时又互相影响，和某一种人相处久了，慢慢就会同样和他有些相像：和成功的人在一起，慢慢会受到影响，言谈举止、行为处世会学到他的一些方法；和开心的人在一起，就会逐渐变得开心；和有魅力的人在一起，会不知不觉增加魅力；和运气好的人在一起会沾光，和一群消极的人在一起，每天听到的都是消极的话，就会变得同样消极。原因是，人与人之间通过意识、潜意识、生物场等途径不断地交换物质、信息，你所接触的环境决定了你的思想格局，你的思想言行都是你所在环境的各种反映。只有你接触到的东西，才能实际运用：接触正面，运用的就是正面的东西；接触负面，使用出来都是下流招式。

三、家训自悟

无传不经之谈，无听毁誉之言。

——西晋·羊祜《诫子书》

凡在朋侪中，切戒自满，惟虚故能受，满则无所容，人不我告，则止于此耳，不能日益也。故一个人之见，不足以兼十人。我能取之十人，是兼十人之能矣。取之不已，至于百人千人，则在我者，可量也哉。

——宋元时期许衡《许鲁斋家书》

你两个年幼，恐油滑之人见了，便要哄诱你，或请你吃饭，或诱你赌博，或以心爱之物送你，或以美色诱你。一入他圈套，便吃他亏了，不惟荡尽家业，且弄你成不的人。若是有这样的人哄你，便想吾的话，来识破他和你好是不好的意思，便远了他。拣着老成忠厚，肯读书，肯学好的人，你就与他胆肝相交，语言必信，逐日与他相处，你自然成个好人，不入下流也。

——明代杨继盛《杨忠愍公遗笔》

与人相处之道，第一要谦下诚实，同干事则勿避劳苦，同饮食则勿贪甘美，同行走则勿择好路，同睡寝则勿占床席。宁让人，勿使人让吾；宁容人，勿使人容吾；宁吃人之亏，勿使人吃吾之亏；宁受人之气，勿使人受吾之气。

——明代杨继盛《杨忠公憨公遗笔》

言语最要谨慎，交游最要审择。多说一句不如少说一句，多识一人不如少识一人。若是贤友，愈多愈好，只恐人才难得，知人实在难耳。语云："要做好人，须寻好友，收酵若酸，哪得甜酒？"又云："人生丧家亡身，言语占了八分。"皆格言也。

——明代高攀龙《高氏家训》

交游鲜有诚实可托者，一读书则此辈远矣，省事省罪，其益无穷。

居今之世，为今之人，自己珍重，自己打算，千百之中，无一益友。

——明代吴麟徵《家诫要言》

朋友之交皆以义合，故曰："友也者，友其德也。"

——明代张履祥《训子语》

与富贵人交，宜远不宜绝，宜敬不宜衰；与贫贱人交，宜久不宜滥，宜真不宜泛。

——明代陈其德《垂训朴语·人品》

交宜亲正人，若比之匪人，小则诱之佚游而荡其家业，大则唆之交构以戕其本枝，甚则淫欲以丧其身命，可畏哉！

——明代姚舜牧《药言》

朋友谏诤，须求有济，不可自谓直谅，令人有难受之实，徒贻拒谏之名。忠告善道犹后，积诚而动，自令人不忍负。不信，未可轻言谏也。

——清人孙奇逢《孝友堂家训》

孙奇逢（画像）

第八章　好好学习，将读书与担天下之任结合

　　人非生而圣贤。成贤成圣，是后天勤学的结果。对于学习的重要性，先贤们认为，人不通过学习，就不能获得知识；学习，能够去疑难，解困惑。只有不断地学习，刻苦追求，所获者多，受益者大，才能成为圣贤。学习不是目的，只是为完善自己，先贤在家训中主张把学习同修身、济世联系起来，这样，就确立了学习的崇高志趣。学习的志趣高，学习的动力就大，收获也就多。真正的读书人是把读书同治国平天下、经世济民完整地结合起来的人；沉溺于诗文的人，不是真正的儒者。古代家训将读书与担天下之任结合起来的观点，有很强的社会积极性，也是一种有见地的看法。

一、家训集锦

【原文】

　　先生施教，弟子是则，温恭自虚，所受是极。见善从之，闻义则服。温柔孝悌，毋骄恃力。志毋虚邪，行必正直。游居有常，必就有德。颜色整齐，中心必式。凤兴夜寐，衣带必饰。朝益暮习，小心翼翼，一此不解，是谓学则。

——先秦《管子·弟子职》

【译文】

　　老师所教的东西，学生应该把它作为自己的准则，温和、谦恭、自重、虚心，得益是很多的。看见好人就去追随，听到道义就服从。温和柔顺，尊敬父母，友爱兄弟，不要骄横地倚仗势力。立志不能走邪路，行为必须正直。游玩或者独处都有规律，这就是德行。精神面貌良好，内心肯定平和。早起晚睡，衣着整齐。早晨学习新东西，晚上再来温习，一定要小心仔细，不要懈怠，这就是学习的法则。

【原文】

夫圣贤之书，教人诚孝，慎言检迹，立身扬名，亦已备矣。魏、晋以来，所著诸子，理重事复，递相模效，犹屋下架屋，床上施床耳。吾今所以复为此者，非敢轨物范世也，业以整齐门内，提撕子孙。

——南北朝颜之推《颜氏家训》

【译文】

古代圣贤著书立说，主要目的是教育人们要忠诚孝顺，不随便说话，行为要端庄稳重，创立宏伟大业，成就一世英名，这些道理，古人已经说得很详尽了。但是，自魏、晋以来，阐述古代先哲明圣思想的著作，不管在道理还是内容方面，无不重复、雷同，相互模仿，这样做就如同屋里建屋，床上放床，实在是多余。我现在又写这样的书，并不敢拿它做一般人的行为规范，只是用来整顿自家的门风，让后辈警醒罢了。

【原文】

谚曰："积财千万，不如薄技在身。"技之易习而可贵者，无过读书也。世人不问愚智，皆欲识人之多，见事之广，而不肯读书，是犹求饱而懒营馔，欲暖而惰裁衣也。夫读书之人，自羲、农以来，宇宙之下，凡识几人，凡见几事，生民之成败好恶，固不足论，天地所不能藏，鬼神所不能隐也。

——南北朝颜之推《颜氏家训》

【译文】

俗话说："积财千万，不如薄技在身。"容易学习而又可致富贵的本事，无过于读书。世人不管他是愚蠢还是聪明，都希望认识的人多，见识的事

广，但却不肯去读书，这就有如想要饱餐却懒于做饭，想得身暖却懒于裁衣。那些读书人，从伏羲、神农的时代以来，在这世界上，共认识了多少人，见识了多少事，对一般人的成败好恶，他们看得很清楚，这固然不必再说，就是天地鬼神的事，也是瞒不过他们的。

【原文】

夫学者所以求益耳。见人读数十卷书，便自高大，凌忽长者，轻慢同列；人疾之如仇敌，恶之如鸱枭。如此以学自损，不如无学也。

——南北朝颜之推《颜氏家训》

【译文】

人们学习是为了用它得到好处。我看见有的人读了几十卷书，就自高自大起来，冒犯长者，轻慢同辈；大家仇视他好比对仇敌一般，厌恶他好比对鸱枭那样的恶鸟一般。像这样用学习给自己招来损害的，还不如不学习。

【原文】

古之学者为己，以补不足也；今之学者为人，但能说之也。古之学者为人，行道以利世也；今之学者为己，修身以求进也。夫学者犹种树也，春玩其华，秋登其实。讲论文章，春华也，修身利行，秋实也。

——南北朝颜之推《颜氏家训》

【译文】

古代求学的人是为了充实自己，以弥补自身的缺乏；现在求学的人是为了向别人炫耀，只能夸夸其谈。古代求学的人是为了广利大众，推行自己的主张以造福社会；现在求学的人是为了自身需要，不是为了出名就是为了做官。求学就像种果树一样，春天可以观赏它的花朵，秋天可以收获它的果实。讲论文章，就好比赏玩春花；修身利行，这就好比摘获秋果。

【原文】

世人婚冠未学，便称迟暮，因循面墙，亦为愚耳。幼而学者，如日出之光，老而学者，如秉烛夜行，犹贤乎瞑目而无见者也。

——南北朝颜之推《颜氏家训》

【译文】

普通人如果到成年以后还未开始学习，就说晚了，就这样拖拖拉拉过日子，好像面对着一堵墙壁什么也看不见，也可算是愚蠢的了。从小就开始学习的人，就如同太阳初升时的光芒；到老来才开始学习的人，就如同手持蜡烛在夜间行走，但总比那闭着眼睛什么也看不见的人强。

【原文】

汝年时尚幼，所缺者学。可久可大，其唯学欤？所以孔丘云："吾尝终日不食，终夜不寝，以思，无益，不如学也。"若使墙面而立，沐猴而冠，我所不取。立身之道与文章异。立身先须谨重，文章亦勿放荡。

——南朝萧纲《梁简文帝集》

【译文】

你年纪还小，所缺少的是学习。能够受益无穷的，除了学习还能有什么呢？因此孔子曾说："我曾经终日不吃饭，终夜不睡觉，光思考是没有益处的，不如学习。"如果面墙而立（面墙而立，比喻不学之人，如面对墙壁而立，一无所见，语本《尚书·周官》："不学墙面。"）不去学习，像猕猴戴着帽子徒有其表，我认为是不可取的。立身之道与做文章不同，立身首先要的是慎重，做文章尽管也讲求活泼，但不能放荡、任性。

【原文】

汝是寡妇之子，为俗所轻，自非高才异行，不可以求仕进。孔绍新是当朝允子，易获声誉。彼宜逸乐，汝宜勤苦，何地殊而相效也。

——隋朝许善心母范氏《母训》

【译文】

你是寡妇的儿子，为世俗所轻视，你如果没有高才异行，是无法做官进取的。孔绍新是当朝孔允之子，他很容易获得声誉，他可以安逸游乐，你却必须勤奋刻苦，为什么你的地位与他不同，却要仿效他呢？

【原文】

今汝等父母天地，兄弟成行，不于此时佩服《诗》《书》，以求荣达，其为人耶？其曰人耶？千万努力，无弃斯须。稹付仑、郑等。

——唐代元稹《诲侄等书》

【译文】

现在你们父母双全，兄弟成行，不在这时认真研习《诗经》《书经》以求得荣华显达，还怎能做人呢？还怎能配称作人呢？一定要努力，片刻

连环画《元稹》

也不要放松了对自己的要求。元稹
写给仑、郑等侄儿。

【原文】

宏风导俗，莫尚于文；敷教训
人，莫善于学。因文而隆道，假学
以光身。

不临深溪，不知地之厚；不游
文翰，不识智之源。然则质蕴吴竿，
非筈羽不美；性怀辨慧，非积学不
成。是以建明堂，立辟雍。博览百
家，精研六艺。端拱而知天下，无
为而鉴古今。

——唐朝李世民《帝范》

【译文】

宏广风化，导引习俗，没有比
用文化更好的了；宣扬政策，训诲
人民，没有比学校教育更好的了。
之所以如此，原因在于依靠文化可
以弘扬道德，凭借学习能够光显身名。

李世民（画像）

不靠近深渊，就不会知道地有多厚；不认真学习，就不能明白智慧的
源泉。然而吴地的竹竿虽然端直质劲，堪作良箭，但如果不把它放在弓弦
上，就没法显出其独特的功用；有的人尽管天资聪慧，善辨有识，但不学
习也终究成不了大气候。所以，天子设立明堂，作为尊贤之所；帝王建立
学校，作为学习之地，目的都是让人们学习文化，增加智慧。一国之主，
必须博览群书才能积累学问，深入研究六艺的精髓，才能增长见识。积学
好比储藏宝贝，天下大事了然于胸，就可以鉴古知今，安然地把国家治理

好了。

【原文】

玉不琢，不成器；人不学，不知道。然玉之为物有不变之常德，虽不琢以为器，而犹不害为玉也；人之性因物则迁，不学则舍君子而为小人，可不念哉？

——北宋欧阳修《家诫二则》

【译文】

玉不雕琢，不能成为器用；人不学习，不会通晓道理。玉作为一种物质，有它不变的常性，虽然不把它雕琢成器具使用，它也不失为玉；人的习性是会随着外物的变化而改变的，不学习就成不了君子，反而会成为小人，难道这不值得认真思考吗？

【原文】

大抵观书先须熟读，使其言皆若出于吾之口。继以精思，使其义皆若出于吾之心，然后可以有得尔。至于文义有疑，众说纷错，则亦虚心静虑，勿遽取舍于其间。先使一说自为一说，而随其意之所之，以验其通塞，则其尤无义理者，不待观于他说而先自屈矣。复以众说互相诘难，而求其理之所安，以考其是非，则似是而非者，亦将夺于公论而无以立矣。大率徐行却立，处静观动，如攻坚木，先其易者而后其节目；如解乱绳，有所不通则姑置而徐理之。此观书之法也。

——宋朝朱熹《朱熹家训》

【译文】

凡是读书必须先要熟读，让里面的话都好像出自我的嘴巴。进一步就仔细地思考，使它的意思好像都出自我的心里所想，然后可以有所心得。至于那些对于文章意思有疑惑的，大家的言论纷乱错杂的，也要静下心来仔细思考，不要匆忙急促地在当中取舍。先把其中的一篇自己单独列为一说，顺着文章的思路去想，来验证它思路的通畅和阻塞，那么那些特别没有明显含义和道理的，不等到和其他的学说相比较道理就已经自动屈服了。再用大家的言论互相诘问、反驳，然后寻求它的道理的稳妥，来考证它的正确或错误，那些好像对实际上错的道理，也将被公众承认的说法所否定而不能成立。一般情况下慢慢地停下来看，处理静止状态观察动态的，像加工坚硬的木头，先加工它那些容易加工的地方而再加工它的关键之处；像解开乱缠在一起的绳子，地方有所不通就暂且放在那儿慢点去处理它。这就是看书的方法。

【原文】

唐侍御史赵武孟，少好田猎，尝获肥鲜以遗母。母泣曰："汝不读书，而田猎如是，吾无望矣！"竟不食其膳。武孟感激勤学，遂博通经史，举进士，至美官。

——北宋司马光《四库全书·家范》

【译文】

唐代侍御史赵武孟，少年的时候喜欢打猎，有一次捕获了一些又肥又鲜的猎物献给了母亲。母亲不但没有高兴，反而哭着说："你不读书，却去无休止地打猎，我没有指望了！"于是不吃饭。武孟为母亲的教诲所感动，开始勤奋学习，终于博通经史，考中进士，当了大官。

【原文】

天平节度使柳仲郢母韩氏，常粉苦参、黄连和以熊胆以授诸子，每夜读书使嚼之，以止睡。

——北宋司马光《四库全书·家范》

【译文】

天平节度使柳仲郢的母亲韩氏，常常浸泡苦参、黄连和熊胆，交给几个儿子，儿子们每天晚上读书的时候，她就让他们将这些东西含在嘴里，用这个办法来制止他们打瞌睡。

【原文】

五日学言：朴实说事，毋得妄诞，低细出声，毋得叫唤。

六日学揖：低头屈腰，出声收手，毋得轻率慢易。

七日学诵：专心看字，断句慢读，须要字字分明，毋得目视东西、手弄他物。

八日学书：臻志把笔，字要齐整圆净，毋得轻易糊涂。

——宋代真德秀《真西山教子斋规》

【译文】

第五是学习说话：说话时要朴实，要讲真话，不要荒诞不经；要低声细气，不要大喊大叫。

第六是学习作揖：作揖时要低着头弯着腰，要出声收手，不要轻率慢侮而图省事。

第七是学习背诵：看字时要专心致志，断句后慢慢阅读，要一个字一个字地看清楚，不要眼睛看着别的东西，手里玩摸其他物品。

第八是学习书法：要集中注意力紧握笔杆，写的字要整齐圆润、干净利落，不要随便乱涂一气。

【原文】

学贵变化气质，岂为猎章句，干利禄哉？如轻浮则矫之以严重，偏急则矫之以宽宏，暴决则矫之以和厚，迂迟则矫之以敏迅，随其性之所偏，而约之使归于正，乃见学问之功大。以古人为鉴，莫先于读书。

——明代庞尚鹏《庞氏家训》

【译文】

读书贵在能够改变人的气质，又岂是为了寻章搜句，追求名利呢？读书可以把轻浮的人变为庄重的人，把偏激的人变为宽宏的人，把暴反的人变为温和厚道的人，把迂钝的人变为敏捷的人，可以根据人的性情的不同偏向进行约束，并使之得到纠正，由此可见学问的功效之大。要想以古人为鉴，首先就要读书。

【原文】

我虽在京，深以汝读书为念，非欲汝读书取富贵，实欲汝读书明白圣贤道理，免为流俗之人。读书做人，不是两件事，将所读之书，句句体贴到自己身上来，便是做人的法，如此，方叫得能读书人。若不将来身上理会，则读书自读书，做人自做人，只算做不曾读书的人。读书必以精熟为贵，我前见你读《诗经》《礼记》，皆不能成诵。圣贤经传，与滥时文不同，岂可如此草草读过？此皆欲速而不精之故。欲速是读书第一大病。工夫只在绵密不间断，不在速也。能不间断，则一日所读虽不多，日积月累，自然充足，若刻刻欲速，则刻刻做潦草工夫，此终身不能成功之道也。……千言万语，总之，读书要将圣贤有用之书为本，而勿但知有时文；要循序渐进，而勿欲速；要体贴到自身上，而勿徒视为取功名之具。能念吾言，虽隔三千里，犹对面也，慎毋忽之！

——清代陆陇其《陆清献公示子弟帖·示大儿定征》

【译文】

我虽然身处京城，但非常牵挂你读书的情况，我不是想希望你通过

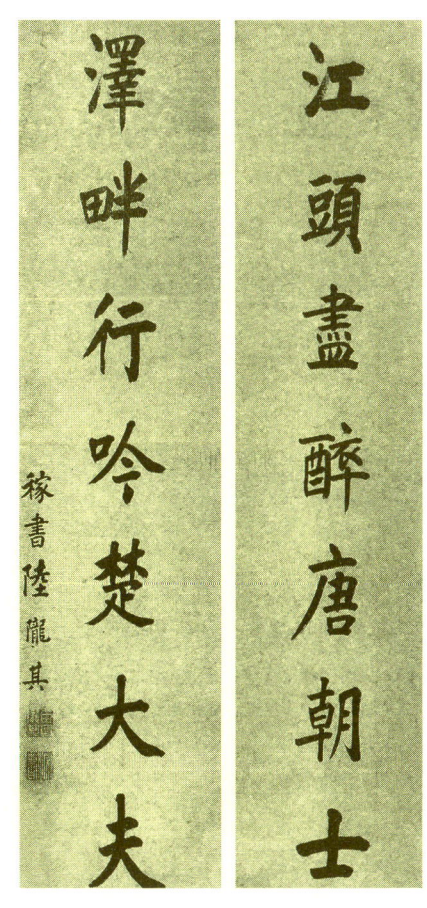

陆陇其楷书七言联

读书来取得功名富贵，而是希望你通过读书明白圣贤道理，以免成为庸俗的人。读书和做人，应该是统一而不是孤立的，如果将自己所读过的书，句句都运用到自己身上来，这便是做人的道理，这样，才算得上是善于读书的人。如果所读之书不能很好地运用到自己身上，那么只能算是一个没有读过书的人。读书贵在精读熟读，我以前见你读《诗经》和《礼记》，都不能背诵。圣贤经传，与时下一些下三烂的应时文章不同，怎能这样草草地读完了事？这是力求快速读完而没有仔细阅读的缘故。读书只求速度，这是最大的忌讳。读书的功夫在循序渐进，而不在速度。只要能不间断地坚持阅读，即使每天只读那么一点，日积月累，也会相当可观；如果时时刻刻想着速度更快一点，时时刻刻草草了事，那么一辈子也不能获得成功……千言万语，归结于一点，就是要把圣贤有用之书作为阅读的根本，而不要眼中只有那些应试文章；要循序渐进，而不要只求速度；要把圣贤之书运用到自己身上，而不要把它们当作博取功名的工具。你要想起我说的话，即使相隔三千里，也像面对面一样，你千万不要忽视了啊！

【原文】

教子弟只是令他读书，他有圣贤几句话在胸中，有时借圣贤言语，照他行事开导之，他便易有省悟处。课子溥等读书，尝至夜分不辍，曰：吾非望汝早贵，少年儿宜使苦，苦则志定，将来不失足也。

——清代汤斌《汤潜庵语录》

【译文】

教育子弟就是要让他们读书，让他们心中装下一些圣贤的金玉良言，有时用这些金玉良言，根据子弟的所作所为来开化训导，他们便容易省悟。我教儿子汤溥等人读书，有时到晚上还不停止，我对他们说：我不是希望你们早图富贵，少年时应该多吃些苦，吃苦就可以使志向坚定，将来不至于犯过失。

【原文】

自吾识字，百历及兹，二十有八载，则无一知。曩者所忻，阅时而鄙。故者既抛，新者旋徙。德业之不常，是为物迁……黍黍之增，久乃盈斗。天君司命，敢告马走。

——清代曾国藩《曾文正公全集》

【译文】

从我识字已有二十八年，经历了很多事，至今却没有增添什么知识。以前所赞同的东西，过了一段时间后又加以鄙弃。既抛弃了以前的东西，新增加的东西又得而又抛。自己没有恒常的德行，常为外物所左右……一粒一粒的黍积聚起来，时间长了就能装满一斗。希望天君司命能告诉我其中的道理。

【原文】

吾人为学，最要虚心，尝见朋友中有美材者，往往恃才傲物，动谓人不如己。见乡墨，则骂乡墨不通；见会墨，则骂会墨不通。既骂房官，又骂主考；朱入学者，则骂学院。平心而论，己之所以诗文，实亦无胜人之处；不特无胜人之处，而且有不堪对人之处。只为不肯反求诸己，便都见得人家不是。既骂考官，又骂同考而先得者。傲气既长，终不进功，所以潦倒一生而无寸进也。

余平生科名，极为顺遂，惟小考七次始售。然每次不进，未尝敢出一

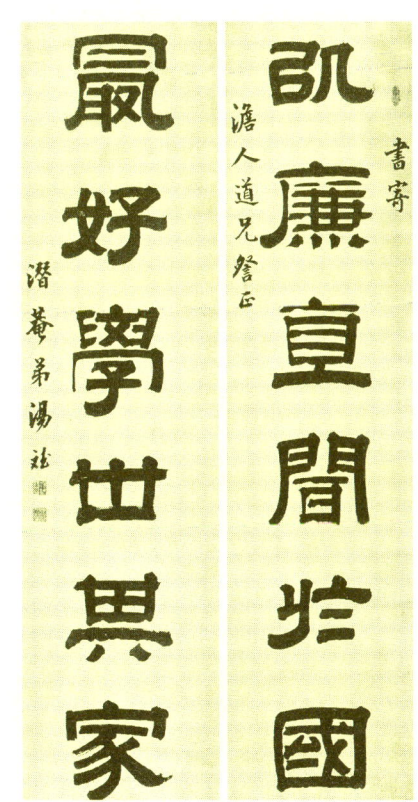

清代汤斌隶书五言联

怨言，但深愧自己试场之诗文太丛而已。至今思之，如芒在背。当时之不敢怨言，诸弟问父亲，叔父，及朱尧阶便知。盖场屋之中，只有文丛而侥幸者，断无文佳而埋没者，此一定之理也。三房十四叔非不勤读，只为傲气太胜，自满自足，遂不能有所成。

京城之中，亦多有自满之人，识者见之，发一冷笑而已。又有当名士者，鄙科名为粪土，或好作诗古，或好讲考据，或好谈理学，嚣嚣然自以为压倒一切矣，自识者观之，彼其所造，会无几何，亦足发一冷笑而已。故吾人用功，力除傲气，力戒自满，毋为人所冷笑，乃有进步也。

——清代曾国藩《曾文正公全集》

【译文】

我们做学问，最重要的是虚心，曾经见到朋友中有资质很好的人，往往恃才傲物，动辄就说别人不如自己。见到乡墨（在明清科举考试的乡试中，把被主考和房官——即帮主考评审、选录并推荐试卷的阅卷官选中而刊印出来给考生示范的八股文文集），就骂乡墨不通；见到会墨（与乡墨类似，不同之处在于是在会试中所选录并刊印出来的考卷），就骂会墨不通。既骂房官，又骂主考官；还未入学的人，就骂学院。然而平心而论，他自己所作的诗文，也没有什么超过人家的地方；不光没有超过人家的地方，而且还有无法让人看的地方。只是因为不愿意看到自己的短处，所以就只看到别人的不足。既骂了考官，又骂与他一同考试而先中的人。长了傲气后，就不会有什么进步，所以就一生潦倒而已。

我平生于科名之事上极为顺利，只是小考时考了七次才中。然而每次不中，未曾说过一句怨言，只是为自己在考场上写的诗文太差而感到惭愧而已。至今想起来，仍有如芒刺在背的感觉。当时我不敢口出怨言，这件事你们问父亲、叔父及朱尧阶就可以知道。因为考场之中，只有因为文章太差而侥幸得中的人，绝对没有文章写得好而被埋没的，这是理所当然。三房十四叔并不是读书不勤，只是因为太傲气，自满自足，所以没有能中。

京城中也有很多自满的人，有见识的人知道了，也就对此发一声冷笑而已。又有那些自认为是名士的人，鄙视科举，如同粪土一般，有的喜欢作古诗，有的喜欢讲考据，有的喜欢谈理学，气焰嚣张，自认为压倒了一切，而在有见识的人看来，他们所做的事，并没有多少有价值，只值得发一声冷笑而已。所以我们这些人读书用功，要努力除掉傲气，戒掉自满，不要被人冷笑，然后才会有进步。

【原文】

凡读书有难解者，不必遽求甚解；有一字不能记者，不必苦求强记。只须从容涵咏，今日看几篇，明日看几篇，久久自然有益。但于已阅过者，自作暗号，略批几字，否则历久忘其为已阅未阅矣。

——清代曾国藩《曾文正公全集》

【译文】

凡是读书有难懂的地方，不要希望一下子就把它弄懂；有一个字记不下来，也不要苦苦强求把它记下来。只要从容从事，今天看几篇，明天看几篇，时间一久，自然就有好处。但对于已经看过的地方，要作上记录，略批几个字，否则时间一久就会忘了自己已经看过。

【原文】

读书之道，朝闻道而夕死，殊不易易。闻道者，必真知而笃信之，吾辈自己不能自信，心中已无把握，焉能闻道？

——清代曾国藩《曾文正公全集》

【译文】

读书之道，早上知道了真理，到晚上就是死了也无遗憾，要做到这点，十分不容易。闻道，必须是真的理解了，而且非常信奉，我们自己都不相信自己，心中已经没有把握，又怎么能闻道呢？

【原文】

盖士人读书，第一要有志，第二要有识，第三要有恒。有志则不甘为下流；有识则知学问无尽，不敢以一得自足，如河伯之观海，如井蛙之窥天，皆无识者也；有恒则断无不成之事。此三者缺一不可。诸弟此时惟有识不可以骤几；至于有志，有恒，则诸弟勉之而已。

——清代曾国藩《曾文正公全集》

【译文】

士人读书，第一要有志向，第二要有见识，第三要有恒心。有志向则自己不甘心沦为平庸之辈；有见识则知道学无止境，不敢稍有心得就自满自足，像河伯观海，井蛙观天，这都是没有见识的人；有恒心则没有成不了的事情。这三点缺一不可。各位弟弟现在只有见识是不可能迅速求得的；至于有志向、有恒心，则希望你们能勉力而行。

【原文】

学问之道无穷，而总以有恒为主，兄往年极无恒，近年略好，而犹未纯熟。自七月初一起，至今则无一日间断，每日临帖百字，抄书百字，看书少须满二十页，多则不论。自七月起，至今已看过《王荆公全集》百卷，《归震川文集》四十卷，《诗经大全》二十卷，《后汉书》百卷，皆朱笔加圈批。虽极忙，亦须了本日功课，不以昨日耽搁，而今日补做，不以明日有事，而今日预做。诸弟若能有恒如此，则虽四弟中等之资，亦当有所成就，况六弟九弟上等之资乎？（道光二十四年十一月廿一日）

——清代曾国藩《曾国藩家书》

【译文】

学问是没有穷尽的，总以有恒为主。兄长往年没有恒心，近年略好，但仍没有纯熟。自七月初一起，至今没有一天间断，每天临帖百字，抄书百字，看书至少二十页，超过二十页的不算在内。自七月起，到现在已经看过《王荆公文集》百卷，《归震川文集》四十卷，《诗经大全》二十卷，

《后汉书》百卷，都朱笔加圈点批注。虽然很忙，也要了结当天功课，不因昨天耽搁了，今天再补做，也不因明天有事，今天预先做。弟弟们如果能这样有恒心坚持，那四弟虽是中等的资质，也应当有所成就，何况六弟、九弟是上等资质呢？（道光二十四年二一月二十一日）

二、家训故事

1. 刻苦学习的范仲淹

有成就的人往往也是通过刻苦学习，积累经验，不断提高、完善自己，才迎来超越平凡的那一刻辉煌的。

北宋著名学者、政治家、军事家范仲淹在童年时期就酷爱读书。由于家境清贫，上不起学，他在十岁时住进长山礼泉寺的僧房里发愤苦读。每天范仲淹煮一小盆粥，凝结后，用刀划成四块，早晚各取两块，再切几根咸菜，就着吃下去。这就是后世传为佳话的"断齑划粥"的故事。

庙里的老火头僧很佩服范仲淹这种精神，时常称赞他。范仲淹说："一个人如果不读书，只知饱食终日，贪图安逸，那种生活是毫无意义的。"

为了开阔眼界、寻访良师、增进学识，范仲淹风餐露宿，千里迢迢来到北宋的南京应天府（今河南商丘），进了著名的南都学舍。在学舍，他昼夜苦读，"未尝解衣就枕"。冬天的夜里，读得疲倦时，他就用冷水洗洗脸，让头脑清醒过来，继续攻读。

范仲淹的同学中，有一个是南都留守的儿子，看到范仲淹"忘我攻读"，每天只吃点粥，很是感动，回家对他父亲讲了这件事。留守感慨地说："这是个有大志、有出息的孩子，你拿些肴馔送给他吃吧！"过了几天，留守的儿子发现范仲淹根本没吃他送的食物，就问他原因，范仲淹答谢道："我并非不领令尊的厚意，只是多年吃粥，已成习惯，如贪此佳食，恐怕将来吃不得苦。"

正是由于范仲淹如此刻苦地学习，积累了满腹诗书，最后才一鸣惊人，成为举世闻名的名臣。而他的"先天下之忧而忧，后天下之乐而乐"的名言更是流传千古。

2. 毛泽东教子好好学习

毛泽东同志一生酷爱读书，尤其是史书，他曾说过："一天不吃饭可以，一天不睡觉可以，但是一天不读书不行。"所以在读书方面，毛泽东也要求自己的孩子们多读些史书。毛泽东1947年9月12日写给指导毛岸英读书的信中说："你看历史小说，要多读明清两朝人写的笔记小说（明清以前笔记不必多看）。"这也是毛泽东以自己的切身体验对毛岸英读书的指导。

毛泽东一共有10个子女，有不幸夭折的，有下落不明的。10个子女中毛泽东最喜欢的孩子要属毛岸英，并对毛岸英寄予厚望。在战争时期，毛泽东与自己的子女也是聚少离多，所以在对子女的教育上也是颇费心思，除了希望子女们能遇到好心人收养外，还寄希望于孩子们从小就培养自立自强的能力。在那个相见恨难的年代，毛泽东是如何把书信当作教育孩子

毛泽东和毛岸英在聊天

的方式来表达寄托的厚望的呢?

1941年毛岸英和毛岸青都已经被送往苏联学习。1941年1月31日，毛泽东写信给毛岸英和毛岸青：

> 趁着年纪尚轻，多向自然科学学习，少谈些政治。政治是要谈的，但目前以潜心多习自然科学为宜，社会科学辅之。将来可倒置过来，以社会科学为主，自然科学为辅。总之注意科学，只有科学是真学问，将来用处无穷。人家恭维你抬举你，这有一样好处，就是鼓励你上进；但有一样坏处，就是易长自满之气，得意忘形，有不知脚踏实地、实事求是的危险。你们有你们的前程，或好或坏，决定于你们自己及你们的直接环境，我不想来干涉你们，我的意见，只当作建议，由你们自己考虑决定。

在这封信中，毛泽东教育儿子要趁年轻的大好时光，先多学自然科学知识，将来可以社会科学为主，自然科学辅之。学习还需有热情，有恒心，绝不能有虚荣心。

在教导孩子做人方面，毛泽东教导子女的方法适用于天下所有的子女们。毛泽东在1947年10月8日写给毛岸青的信中说："一个人无论学什么做什么，只要有热情，有恒心，不要那种无着落的与人民利益不相符合的个人主义的虚荣心，总是会有进步的。"这段话特别适用于现代的年轻人。

3. 爱读书的李嘉诚

曾经被《财富》选为亚洲首富的李嘉诚，他的业务遍及数十个国家，拥有员工数以万计。在李嘉诚70多岁的时候，曾经这样畅谈他学英文的经验："我的英文就不算好，由ABC开始，都没有学到Z，日本人的飞机已经到处放炸弹。正规教育我受得很少，但非正规教育我肯学。"

1939年，因日军入侵，当时担任小学校长的父亲带着李嘉诚逃往香港，第二年父亲患了肺病。在一个周末的下午，他到医院探望父亲，为了让病

危的父亲高兴，李嘉诚对父亲说："英文也不算难，我读一段给你听。"父亲听过之后，满面哀伤。"因为他知我很喜欢读书，但当时环境不许可。"李嘉诚语带哽咽地说。

李嘉诚是在任何情况下都不忘记读书的人。他12岁到香港即负起赚钱养家的重任，但他上进心极强，工余时同事打麻将玩乐，他就捧着书埋头苦读，天天如此，一本《辞海》被他翻烂了。如今李嘉诚仍爱书如命。他最爱科技、经济、哲学、历史方面的书，每晚睡前都要看一会儿。现在资讯科技的发展如日中天，他也跟着天天更新知识。他形容自己不是求学问，而是抢学问。

李嘉诚从不看小说，也不看娱乐新闻，他把每天挤出来的时间用来吸收最新知识。每天早上7时30分，下属就会把当天有关业务的剪报放在他办公室的桌子上。他不但要跟随社会进步，还要比社会跑快一点。这一点从他跳出塑胶花厂到发展地产，再搞电信、港口、网络生意、投资国外等都可以看出来。

李嘉诚的英文是一个同屋女孩教的，他则教她数学。父亲临终前一天发觉没有任何财产可以留下，只好反问爱子可有话跟他说。李嘉诚很自信地应许父亲说："我们一家人一定生活得很好。"为了实践诺言，李嘉诚付出了很大的努力，他一边当推销员，一边上夜校学英文。他用报纸练字，一面写满了，又翻过另一面再写，直到整张纸写得皱皱烂烂为止。在他22岁的时候，开了一间塑胶厂，他深信到26岁，存够钱，再凭着恶补的英文，就可以考上大学。岂料一个大户的破产，毁了他的大学梦。但是，苦学的英文却在这时候为他打开了成功之门。

20世纪50年代，李嘉诚在做塑胶花时，坚持订阅全世界最新的杂志，第一本是美国杂志 *Modem Plastics*(《现代塑料》)，他又飞到英美参加塑胶展，掌握最新形势。

在外国杂志中，他留意到一部制造塑胶瓶子的机器，但从外国订货太贵了。于是他凭着自学的英文研制出了这部机器。李嘉诚说："它至少让我赚了几万港币。"于是，他开始请私人老师，每天7时上班前，教他英文。

所以说，李嘉诚的发达和他的勤奋刻苦是分不开的，如果他没有刻苦地学习英文，那么就不会有他的今天。

20世纪80年代初，在中英会谈期间，有不少公司都停留在业务本地化的阶段，但李嘉诚考虑的是，公司要发展得大，就一定要向海外发展。他并没有因为自己带着潮州口音而避免讲英语或避请洋人，不管是开会，还是接受访问，只要对象是洋人，他一概用英语对答，根本就不需要翻译。

勤奋和刻苦是一个人取得良好成绩最便捷的途径。一个人只要肯用功学习，能吃苦，那么，学来的东西总能派上用场，就算他的基础比较差，或是一切从零开始，也是可以成功的。

三、家训自悟

君子深造之以道，欲其自得之也。自得之，则居之安；居之安，则资之深；资之深，则取之左右逢其原。顾君子欲其自得之也。

——《孟子·离娄下》

合抱之木，生于毫末；九层之台，起于垒灶；千里之行，始于足下。

——《老子》第六十四章

吾遭乱世，当秦禁学。自喜，谓读书无益。自践柞以来，时方省书，乃使人知作者之意。追昔所行，多不是。

尧舜不以天子与子而与他人，此非不惜天下，但子不中立耳。人有好牛马尚惜，况天下耶？吾以尔是元子，早有立意。群臣咸称汝友四皓。吾所不能致，而为汝来，为可任大事也。今定汝为嗣。

——西汉刘邦《手敕太子》

青青园中葵，朝露待日晞。阳春布德泽，万物生光辉。常恐秋节至，焜黄华叶衰。百川东到海，何时复西归？少壮不努力，老大徒伤悲。

——《汉乐府民歌》

盛年不再来，一日难再晨。及时当勉励，岁月不待人。

——东晋陶渊明《杂诗》

读书患不多，思义患不明。患足己不学，既学患不行。

——唐代韩愈《劝学诗》

南山新长凤凰雏，眉目分明画不如。年小从他爱梨栗，长成须读五车诗。

——宋代王安石《赠外孙》

当家不用买良田，书中自有千钟粟；安居不用架高堂，书中自有黄金屋；娶妻莫恨无良媒，书中自有颜如玉；出门莫恨无人随，书中车马多如簇；男儿欲遂平生志，五经勤向窗前读。

——宋真宗赵恒《劝学篇》

宋真宗赵恒（画像）

食已无事，经史文典谩读一二篇，皆有益于人，胜别用心也。

——南宋江端友《戒子》

学业在我，富贵在时。在我者不可不勉，在时者静以俟之。

——南宋何耕《示子辞》

若凌晨即治俗事，或冗或默闲坐，日复一日与书卷渐远，岂复更思学问？如此不流入俗人，则着衣吃饭一呆子弟耳。况复博弈饮酒，追逐玩好，寻求交友，惟意所欲。有一如此，近二三年，远五六年，未有不丧身破家者。

——南宋叶梦得《石林家训》

少年易老学难成，一寸光阴不可轻。未觉池塘春草梦，阶前梧叶已秋声。

——宋代朱熹《劝学》

白发无凭吾老矣，青春不再汝知乎？年将弱冠非童子，学不成名岂丈夫！幸有明窗并净几，何劳凿壁与编蒲。功成欲自殊头角，记取韩公训阿符。

——宋代俞良弼《教子诗》

大抵后生为学，须是严立课程，不可一日放慢。每日须读一般经书，一般子书，有须多，只要令精熟。须静室危坐，读取二三百遍，字字句句须要分明。又每日须连前三五日授通读五七遍，须令成诵，不可一字放过也。史书须每日读取一卷或半卷以上始见功。

——南宋吕祖谦《辨志录》

子弟智愚贤不肖虽有天命，然父兄须教以读书，皆不可令废弃。

——明代徐三重《家训》

读书见一件好事，则便思量我将来必定要行，见一件不好的事，则便思量我将来必定要戒，见一个好人，则思量我将来必要与他一般，见一个不好的人，则思量我将来切休要学他，则心地自然光明正大，行事自然不会苟且，便为天下第一等好人矣。

——明代杨继盛《杨忠愍公遗笔》

多读书则气清，气清则神正，神正则吉祥出焉，自天佑之。读书少则身暇，身暇则邪间，邪间则过恶作焉，忧患及之。

秀才本等，只宜暗修积学，学业成后，四海比肩。

不合时宜，遇事触忿，此亦一病，多读书则能消之。

——明代吴麟徵《家诫要言》

凡为父兄的，莫不爱其子弟；凡爱子弟的，莫不愿其读书进取。

——明代顾宪成《示淳儿帖》

顾宪成创办的东林书院

有走不尽的路，有读不尽的书，有做不尽的事，总须量精力为之，不可强所不能，自疲其精力。

——明代姚舜牧《药言》

读书不趁早，后来徒悔懊。精力本易衰，光阴如电扫。

——明代陈其德《垂训朴语·读书》

忘却人间事，始识书中字。识得书中字，自会人间事。

——清代王夫之《示侄孙生蕃》

早起一小时，便多学一分。晨气清，神志亦清，此时作事，处处易得天籁。

——清代彭玉麟《谕子》

有学问人，如山蕴玉，如渊藏珠，虽不现出，而精彩自然光润。从来成事业者，未有不从学问中做出来也。

——清代白云上《白公家训》

先儒谓今人不曾读书。如读《论语》，未读时是此等人，读了后只是此等人，便是不曾读。此教人读书知义理之道也。要知圣贤之书，不为后世中举人进士而设，是教千万世做好人，直至于大圣大贤。所以读一句书，便要反之于身，我能如是否？做一件事，便要合之于书，古人是如何？此才是读书。若只是浮浮泛泛，胸中记得几句古书，出口说得几句雅话，未足为佳也。

——清代朱伯庐《劝言》

我愿汝曹将平昔所读经书，视之如拱璧，一月之内，必加温习。古人之书，安可尽读？但我所已读者，决不可轻弃。得尺则尺，得寸则寸，毋贪多，毋贪名，但读得一篇，必求可以背诵，然后思通其义蕴，而运用之于手腕之下，如此则才气自然发越。若曾读此书，而全不能举其词，谓之画饼充饥；能举其词，而不能运用，谓之食古不化。

——清代张英《聪训斋语》

古人读书贵精不贵多。非不事多也，积少以至多，则虽多而不杂，可无遗忘之患。此道如长日之加益，而人颇不觉也。是故由少而多，而精在其中矣。一言以蔽之：无间断。间断之害，甚于不学。

——清代汪帷宪《寒灯絮语》

读书须窗明几净，时时拂拭，案头架上位置楚楚，不可狼藉无次。

——清代周召《双桥随笔》卷

读书三要：字句清朗，遍数满足，常常自背。

光阴易逝书难读，门户难撑品易污。

——清代潘德舆《示儿长语》

情深而文精，气盛而花神；才挚而气应盈，气取盛而才见奇。

——清代傅山《霜红龛家训·文训》

问一人得一人之益，问十人得十人之益，问数十人得数十人之益，所问之人不必贤智，即樵夫牧竖岂无有益于我者？

——清代倪元坦《家规》

人须各务一职业。第一品格是读书，第一本等是务农。外此为工为商，皆可以治生，可以定志，终身可以免祸。惟游手放闲，便要走到非僻处所去，自罹于法网，大是可畏。劝我后人，毋为游手，毋交游手，毋收养游手之徒。

吾子孙但务耕读本业，切莫服役于衙门；但就实地生理，切莫奔利于江湖。衙门有刑法，江湖有风波，可畏哉。虽然仕宦而舞文而行险，尤有甚于此者？"

余在广昌时，曾写一联云：轮奂美哉新气象，守在诗书；搆堂肯是旧规模，传之孙子。今思之，必守在诗书，然后能传之孙子，此言殊有深味也。

——吴兴姚氏自姚舜牧《姚氏家训》

勤而有恒，大慰大慰。学问之道，水到渠成，但不间断，时至自见。

——清代严复《与四子严璿书》

庄庄：

听见你二哥说你不大喜欢学生物学，既已如此，为什么不早同我说。

174

凡学问最好是因自己性之所近，往往事半功倍，你离开我很久，你的思想近来发展方向我不知道，我所推荐的学科未必合你的式，你应该自己体察做主，用姐姐哥哥当顾问，不必泥定爹爹的话，但是新学期若已经选定生物学，当然也不好再变，只得勉强努力而已，我很怕因为我的话扰乱了你治学针路，所以赶紧寄这封信。

八月五日，爹爹

——梁启超《致梁思庄》

中国近代思想家、政治家、教育家、史学家梁启超

为学最重要的是"通"，通才能不拘泥，不迂腐，不酸，不八股；"通"才能培养气节、胸襟、目光，"通"才能成为"大"，不大不博，便有坐井观天的危险。

——《傅雷家书》

给女婿罗元铮的临别赠言

一、你已有点长处，我不必只是夸奖，免得你吃苦。

二、必须细心地、恒性地写日记，并且万不可间断，越详细越好。

三、把写日记当作性命根本学问。要忠实地把所见所闻的，有关系的事记出。

四、没有学问谁也看不起你，如没有真正学问更是无人看得起。

五、目前第一步，当然是特别努力于英文英语，此为木工的斧锯一样重大之事。

六、革命是为同胞、为国家、为人类谋最大幸福的，不是为自己的，这是人生最高哲学的根本。

七、有很多假革命党，专为自己打算，不为国家民族着想，这是错误的。

八、在唯心的哲学上，神即是真理，真理是道，是上帝。他们把一切都是动的变化的世界看为不动的，不变的，不进化的，这是极大的谬误，小心不可上他们的大当。

九、平民化生活，科学化生活，是革命者应当时时注意的，不可有一点大意。

十、利他主义即是法天法地法万物，时时事事都求有利于大多数人。

十一、自己勉励自己，自己教训自己，自己批评自己，写出来自己看看，这是根本功夫，不可马虎一点。能这样坚持实行下去，即是真正进步的功夫，靠别人说是不够的。

十二、喜欢人说好，不喜欢人说不好，说好即高兴，一听人说不然即发气，不问自己的良心到底对得过自己否，这样的人到头来一定糟糕。必须时时自问应该不应该这样做，在不在自己良知上。看中山倒满，人人说他洪水猛兽，亲戚本家都不敢同他往来。在那时候还有无数人说君君臣臣呢！可是孙先生早看见了世上有民主国家，因此不怕人骂，并且人们越骂，他干得越有劲。

十三、不守时刻是最坏的习惯。起居有定时，言语动作有定规，这是好习惯，须日积月累把它养成。当然人不是机械，是有时变通的，可是自己的决心自己须坚守，不可无有缘故地任意改动。

十四、时时替别人想想，事事代他人打算打算，那便是恕人的学问。此项工夫很要紧，如能日日如此用功，一切都会进步。

十五、美国有长处，亦有很大的短处；反之，我国有特点，也有缺点，冷静去看，自然明白。

十六、年年防贼，夜夜防贼，能时时防备意外之事发生，自然危险即少。加以为什么都是不要紧，那意外的困难即能到来。

十七、至于忠于国家，孝于父母，友于兄弟，信于朋友，节约自己，帮助他人，则不必说，因为你都做得来。

十八、千言万语，真革命党不只是说的，乃是实行的，能刻刻不忘实作实践，日久天长定能成为一个顶天立地、救世救民的大牺牲者，大革命党人。

以上十八条，因为你同我相处几个月的光景，明天你即去读书，我没有什么东西赠你，即用这几句老生常谈的话写出来向你建议，盼望你身体健康，一切快乐。

此赠。

——冯玉祥

老话说得好——青少年不可不知的家规家训

第九章　勤可以丰家，俭可以长久

　　勤俭节约一直是中华民族的传统美德。勤，指劳作上的勤奋和不懈的进取精神；俭，指用财上的节俭和生活中的淡泊习惯。勤可以丰家，俭可以长久。袁采在《袁氏世范》中主张"节用有常理"，"丰俭随其力"，量力而行，量入而出。他认为"不量财力而为之，或随财力可办，而过于奢靡，近于不急，皆妄费也"。崇尚节俭、廉勤，抑制浪费、奢靡，今天看来还是很有现实意义的问题。家训中的节俭观对于当今形成良好的社会风气，进行社会主义道德文明建设具有很好的借鉴意义。

年画《连年有余》

一、家训集锦

【原文】

积善之家，必有余庆；积不善之家，必有余殃。

——先秦《周易上经·坤》

【译文】

积善的人家，必定泽及后人；积不善的人家，必定祸及后人。

【原文】

吾虽无绂冕之绪，颇有让爵之高。自乐以论赞之功，庶不遗后人之羞。末所愦愦者，徒以亡亲坟垄未成，所好群书率皆腐敝，不得于礼堂写定，传与其人。日西方暮，其可图乎！家今差多于昔，勤力务时，无恤饥寒。菲饮食，薄衣服，节夫二者，尚令吾寡恨。若忽忘不识，亦已焉哉！

——东汉郑玄《诫子益恩书》

【译文】

我虽然没有高官显职的功业，却很有推位让爵的品行。以著书立说为自己的快乐，只希望不要把羞辱留给后代。最终使我深感郁闷和遗憾的，是亲人的坟墓尚未修成，所喜好的书籍大都陈腐破烂了，不能再到讲堂去抄改写定，并传给好学的人。日落西山已是迟暮之年，还有什么可图的呢？今天的家业已稍好于从前，望你勤勉务实，及时努力，不要为饥寒忧虑。节衣缩食，时刻注意这两个方面，便会让我少些遗憾。如果你忽略了、忘记了，那我还有什么可说的呢？

【原文】

衣食当须纪，力耕不吾欺。

——晋代陶渊明《移居二首》

【译文】

人的衣食需要自己经营，只要付出劳动，田地是不会欺骗我的。

【原文】

救烦无若静，补拙莫如勤。

——唐代白居易《自到郡斋题二十四韵》

【译文】

安静最能摆脱烦恼，勤奋最能弥补拙笨。

【原文】

奢者狼藉俭者安，一凶一吉在眼前。

——唐代白居易《草茫茫》

【译文】

奢侈使人行为不检、名声不好，勤俭便可长久安乐。奢则错俭便吉，这是很快就显现出来的。

【原文】

夫风化者，自上而行于下者也，自先而施于后者也。是以父不慈则子不孝，兄不友则弟不恭，夫不义则妇不顺矣。父慈而子逆，兄友而弟傲，夫义而妇陵，则天之凶民，乃刑戮之所摄，非训导之所移也。

——南北朝颜之推《颜氏家训》

【译文】

风俗教化，是由上层施行到下层，是由先辈延续到后辈的。所以做父亲的不仁慈，那么子女就不会孝敬；做兄长的不友爱，那么弟弟就不会谦恭；做丈夫的不讲道义，那么妻子就不会顺从了。父亲慈祥而子女忤逆，兄长友爱而弟弟傲慢，丈夫仁义而妻子骄横，这就是天生的祸乱之民，只有刑法才能使他们慑服，而不是教训引导所能改变得了的。

【原文】

夫恭俭福之舆，傲侈祸之机。乘福舆者浸以康休，蹈祸机者忽而倾覆，汝其戒钦！吾没后，敛以时服，祭无牢饩，棺足以周尸，瘗不泄露而已。

——唐代李延寿《北史·崔逞传》

【译文】

恭敬、节俭是福的车乘，而骄傲、奢侈则是一种引起祸患的机栝。乘坐福舆能得到安康，而踏着祸机即刻便会有倾覆的危险，你们要引以为戒啊！我死之后，入棺时要穿平时穿过的服装，祭祀时也不要杀猪宰羊，棺木只要能装得下尸体就行了，埋葬时只要不让棺木露着也就可以了。

【原文】

夫圣代之君，存乎节俭。富贵广大，守之以约；睿智聪明，守之以愚。不以身尊而骄人，不以德厚而矜物。茅茨不剪，采椽不斫，舟车不饰，衣服无文，土阶不崇，大羹不和。非憎荣而恶味，乃处薄而行俭。故风淳俗朴，比屋可封，此节俭之德也。

——唐代李世民《帝范·崇俭篇》

【译文】

凡贤明清正的国君，都有节俭的美德。即使富有四海，也安于俭约而不骄奢；即使聪明睿智，也安于愚钝而不取巧。不因为地位高贵而傲视他人，也不因为德行淳厚而恃才傲物。茅草盖的屋顶不加修剪，柞栎做的椽子不加雕饰，舟船车舆不加装饰，所穿衣服不加刺绣文彩，土台阶不加高，祭祀所用的肉汤汁也不加调料，古代圣王生活如此俭朴，并不是憎恶荣华，厌恶美味，而是要以身作则倡导清廉节俭。所以当时民风淳朴，每家每户都达到了可受封爵的德行，这就是提倡节俭的好处啊！

【原文】

俭者，君子之德。世俗以俭为鄙，非远识也。俭则足用，俭则寡求，

俭则可以成家，俭则可以立身，俭则可以传子孙。奢则用不给，奢则贪求，奢则掩身，奢则破家，奢则不可以训子孙。利害相反如此，可不念哉？富家有富家计，贫家有贫家计。量入为出，则不至乏用矣；用常有余，则可以为意外横用之惜矣。

——宋代李之彦《岁计》

【译文】

节俭，是君子的美德。世人以节俭为鄙陋，这是没有远见的。节俭，就可以满足花销，节俭就可以减少贪求，节俭就可以成就家业，节俭就可以立身，节俭的品行是可以传给子孙的。奢侈就会导致用度不足，奢侈就贪得无厌，奢侈就会家破身亡，奢侈就不能训示子孙。其间的利害关系差别之大，可以不叫人引起注意吗？富贵之家有富贵之家的打算，贫穷之家也有贫穷之家的打算。根据家庭收入情况来开支，就不至于缺少花销；而每次花销都有所节余，那么就不会被意外情况弄得穷困不堪。

【原文】

近故张文节公为宰相，所居堂室，不蔽风雨；服用饮膳，与始为河阳书记时无异。其所亲或规之曰："公月入俸禄几何，而自奉俭薄如此。外人不以公清俭为美，反以为有公孙布被之诈。"文节叹曰："以吾今日之禄，虽侯服王食，何忧不足？然人情由俭入奢则易，由奢入俭则难。此禄安能常恃，一旦失之，家人既习于奢，不能顿俭，必至失所，曷若无失其常！吾虽违世，家人犹如今日乎！"闻者服其远虑。此皆以德业遗子孙者也，所得顾不多乎？

——北宋司马光《四库全书·家范》

【译文】

新近去世的张文节公担任宰相的时候，居住的房屋破旧到不能遮蔽风雨；衣服和膳食，也跟他担任河阳书记时没有什么两样。他的亲戚规劝他说："你一个月的俸禄那么多，日常生活竟至如此俭朴。外人不但不把你的清廉俭朴看作美德，相反还以为你像公孙弘一样在沽名钓誉呢！"文节感叹地说："凭我现在的俸禄，要想穿王侯的衣服、吃美味佳肴，何愁钱不够？可是我知道人的性情一般都是由俭朴转向奢侈容易，由奢侈转为俭朴就很难。我现在的俸禄怎会保证一直如此？一旦失去俸禄，家里的人已经习惯了奢侈的生活，不能马上转为俭朴，必然会出现问题。既然这样，还不如就保持这样的生活习惯！这样，即便我离开人世，我的家人也还能像现在这样愉快地生活下去。"听者都佩服他的深谋远虑。这些例子都是长辈们把德行和事业留给子孙后代的典范，他们所得到的难道说不多吗？

【原文】

治家有法度，常恐诸子骄侈，席势凌人，乃集古今家诫，书为屏风，

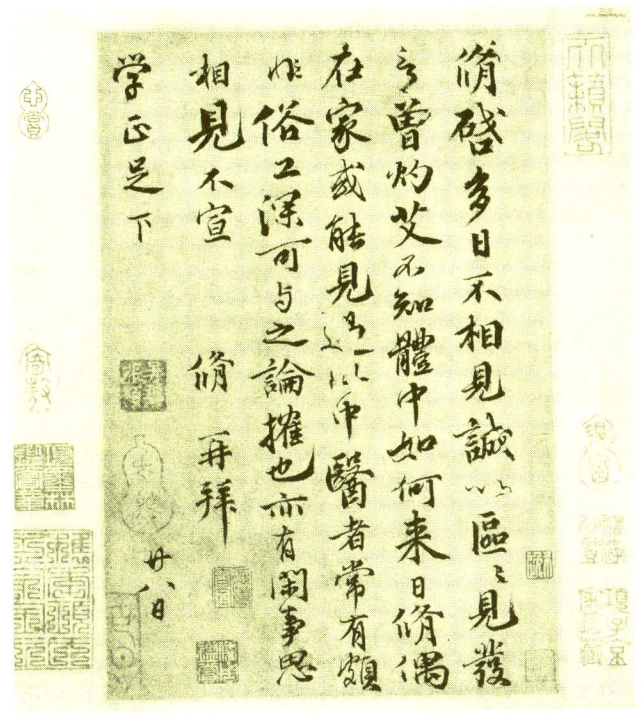

欧阳修行书《灼艾帖》

183

令各取一具，曰："留意于此，足以保躬矣！汉袁氏累叶忠节，吾心所尚，尔宜师之。"

——北宋欧阳修《新唐书·房玄龄传》

【译文】

（房玄龄）治理家庭有一套规矩，时常担心自己的几个儿子会骄横奢侈，仗势欺人，于是收集一些古今名人的家训条规，写在屏风上，让他们各取一条，并且说："要牢记这些家训条规！如果能照着去做，就可以保全自己。东汉袁安一家，历代忠诚，很有气节，我内心十分崇尚，你们应该好好学习他们。"

【原文】

凡为家长，必谨守礼法，以御群子弟及家众。分之以职，授之以事，而责其成功。制财用之节，量入以为出。称家之有无，以给上下之衣食，及吉凶之费，皆有品节，而莫不均一。裁省冗费，禁止奢华，常须稍存赢余，以备不虞。

——北宋司马光《居家杂议》

【译文】

凡是做家长的，一定要谨慎遵守礼法，以便更好地管制子女及其他家庭成员。在家庭中，谁管什么、谁做什么，都要有明确的分工，并经常性地督促检查，让他们做好。家中的开支费用要量入为出，按照收入的多少来安排衣食及其他吉凶事务的开支，按品级而加以节制，大体均衡。要减少一切不必要的开支，严禁奢侈豪华，平时要留有节余，以防备不好的事情发生。

【原文】

为人孰不爱家、爱子孙、爱身？然不克明爱之之道，故终焉，适以损之。一家之事，贵于安宁和睦悠久也，其道在于孝悌谦逊。若仁义之道，口未尝言之，朝夕之所从事者，名利也；寝食之所思者，名利也；相聚而讲究者，取名利之方也。言及于名利，则洋洋然有喜色；言及于孝悌仁义，则淡淡然无味，惟思卧，幸其时数之遇，则跃跃以喜，小有阻意，则躁闷若无容矣。如其时数不偶，则朝夕忧煎，怨天尤人。至于父子相夷，兄弟叛散，良可悯也，岂非爱之适以损之乎？

——南宋陆九韶《居家正本》

【译文】

作为一个人，谁不爱自己的家庭、爱子孙、爱自己？只不过不能明了爱的道理，所以到头来，反而还害了自己的家庭、害了自己的子孙及自己本人。一个家庭，可贵的是能长久地安宁和睦，这就要靠孝悌（孝是对父母的尊重、尽责，悌是对兄长的敬爱、谦让）和谦逊来维系。比如仁义之道，嘴上没有苦口婆心地说过，但每日每夜所做的事都是在为名利而忙碌；睡觉和吃饭时也想的是名利；聚集在一起讨论的是如何取得名利。谈到名利，就得意扬扬，谈到孝悌仁义，就索然无味，只想躺在那里，等待好运来临，一旦好运来临，就沾沾自喜，而遇到一点小小的障碍，就急躁烦闷，手足无措。如果运气不好，就唉声叹气，怨天尤人，甚至父子闹翻，兄弟背叛离散，这实在是可悲啊！这难道不是因爱而反而损害他吗？

【原文】

凡人生而无业，及有业而喜于安逸，不肯尽力者，家富则习为下流，家贫则必为乞丐。凡人生而饮酒无算，食肉无度，好淫滥，习博弈者，家富则致于破荡，家贫则必为盗窃。

——南宋袁采《袁氏世范》

【译文】

凡是没有正当职业的人，或是虽有职业而喜欢安逸享乐、不肯尽力去做事的人，家庭富有他就会不务正业，成为下流无耻的人，家庭贫困他就会沦为乞丐。凡是不加节制地饮酒、吃肉，荒淫无度，染有赌博恶习的人，家里富有他会败坏财产，家里贫困他就会去做盗贼。

【原文】

富人有爱其小儿者，以金银珠宝之属饰其身。小人有贪者，于僻静处坏其性命而取其物，虽闻于官而置于法，何益？市邑小儿，非有壮夫携负，不可令游街巷，虑有诱略之人也。

——南宋袁采《袁氏世范》

【译文】

有个富人喜欢自己的小孩，就给他戴上许多用金银珠宝制成的饰品。有贪财的小人为了得到这些饰物，就想方设法地把小孩引到僻静无人处，杀死小孩，夺走他身上的装饰物，即使报了案，官府也将贪财的小

清代的银锁

人绳之以法了，但被杀的小孩却是再也无法复生的。而住在城里的小孩，如果没有身强力壮的男人带着，就不要让他到街巷里去玩耍，以防被人骗走。

【原文】

起家之人，易为增进成立者，盖服食器用及吉凶百费，规模浅狭，尚循其旧，故日入之数，多于日出，此所以常有余。富家之子，易于倾覆破荡者，盖服食器用及吉凶百费，规模广大，尚循其旧，又分其财产立数门户，则费用增倍于前日。子弟有能省用，速谋损节犹虑不及，况有不之悟者，何以支持乎？古人谓"由俭入奢易，由奢入俭难"，盖谓此尔。大贵人之家尤难于保成。方其致位通显，虽在闲冷，其俸给亦厚，其馈遗亦多，其使令之人满前，皆州郡廪给，其服食器用虽极华侈，而其费不出于家财。逮其身后，无前日之俸给、馈遗使令之人，其日用百费非出家财不可。况又析一家为数家，而用度仍旧，岂不至于破荡？此亦势使之然，为子弟者各宜量节。

——南宋袁采《袁氏世范》

【译文】

创立家业的人，之所以能够把财富越积越多，就是因为他们在服装、饮食、器皿、用具上以及在红白喜事的操办和各种日常花费上都很节俭，遵循发家之前的规矩，从不铺张浪费，因此，每天收入的钱财总要多于支出的，所以他们能经常有所剩余。富家子弟之所以容易倾家荡产，就是因为他们在服装、饮食、器皿、用具上花费太多，操办红白喜事规模太大，总要依循旧制，并且数位兄弟又把财产分开各立门户，这样日常费用就比从前增加了好几倍。子弟中有的人能节省费用，做长远打算恐怕都来不及呢，何况有尚未省悟的子弟，又拿什么把家业支撑下去呢？古人说："从节俭到奢侈容易，从奢侈再回到节俭就困难了。"说的就是这种情况。权贵人家也不能保证子孙永不败坏家业。当他们身居高位的时候，即使不是

主管要害部门，国家发给的俸禄供给十分丰厚，别人赠送给的礼物钱财也很多，他们面前那么多差役仆从，费用都是由州郡官方供给，他们的服饰、饮食、器皿、用具虽然都极其豪华奢侈，但那些费用都不是由自家财产中支付的。等到这些权贵的后世子孙没有父祖辈做官时国家拨给的俸禄供给，也没有别人赠送的钱财礼物时，差役仆从的薪水、日常生活所需的各种费用，都不得不从自家财产中支出。况且后世子孙又把一家分成好多家，而各种用度还和往昔一样，怎能不倾家荡产呢？这也是形势所趋，不可避免的事，做子弟的，都应量入为出，勤俭持家。

【原文】

人有财物，虑为人所窃，则必缄縢扃鐍，封识之甚严。虑费用之无度而致耗散，则必算计较量，支用之甚节。然有甚严而有失者，盖百日之严，无一日之疏，则无失；百日严而一日不严，则一日之失与百日不严同也。有甚节而终至于匮乏者，盖百事节而无一事之费，则不至于匮乏，百事节而一事不节，则一事之费与百事不节同也。所谓百事者，自饮食、衣服、屋宅、园馆、舆马、仆御、器用、玩好，盖非一端。丰俭随其财力，则不谓之费。不量财力而为之，或虽财力可办，而过于侈靡，近于不急，皆妄费也。年少主家事者宜深知之。

——南宋袁采《袁氏世范》

【译文】

人们有了财物后怕被他人偷盗，就用绳索捆上，再加上锁，严格地贴上标志和封条。害怕日常花费没有计划而耗散家产，就会精心地计算一切花销，支出费用非常节俭。然而也有人虽然对日常花销精打细算，还是破了产，这是因为一百天谨慎地花销，没有一天疏忽，才不会破产；一百天在花销上谨慎，有一天疏忽放任，那么这一天的疏忽放任与一百天不谨慎造成的后果是一样的。有人十分节俭，但最后还是到了资财匮乏的地步，这就是因为在各种事情上都节俭，没有一件事情上破费，则不至于穷困；

清道光款花卉执壶

在各种事情上都节俭而在一件事上不节俭，那么这一样事情的破费与各种事情都不节俭的后果是一样的。所说的各种事情，就是饮食、衣服、住宅、园林、馆舍、车马、仆人差役、器皿用具、古玩，也不是一两句话能说得清的。对这些事物的使用，富足或节俭按自己的财力来定，就不算是浪费。不根据自己的财力去做，或是虽然有这份财力却过于奢侈浪费，做的事也不是紧急要办的事，都是乱花费。主持家事的年轻人应该深深清楚这一点。

【原文】

或曰：既有子孙，当为子孙计，人之情也。余曰：君子岂不为子孙计？然其子孙计，则有道矣。种德，一也。家传清白，二也。使之从学而知义，三也。受以资身之术，如才高者，命之习举业，取科第。才卑者，命之以经营生理，四也。家法整齐，上下和睦，五也。为择良师友，六也。为娶淑妇，七也。常存俭风，八也。如此八者，岂非为子孙计乎？循理而图之，以有余而遗之，则君子之为子孙计，岂不久利而父子两得哉？

——南宋倪思《经钮堂杂志》

【译文】

有人说，既然有了子孙后代，就应当为他们着想，这是人之常情。我认为，君子难道不为其子孙后代着想？只不过，君子为其子孙后代着想，是有自己的方法的。培养高尚的道德，这是其一。传清白于后代，这是其

二。让子孙学习，使他们知道道义，这是其三。传授子孙们安身立命的技术，如果资质聪明，就让他努力学习，应试科举；如果才能低的，就让他努力劳动，自理生活，这是其四。有家规教养，全家和睦，这是其五。为子孙选择良师益友，这是其六。为子孙选娶贤惠的媳妇，这是其七。经常保持俭朴的风气，这是其八。这八个方面难道不是为子孙后代着想吗？按照仁道来教育子孙，留给子孙一些好的东西，这样，为子孙后代着想难道不是长久之利吗？难道不是父子两者都受益无穷吗？

【原文】

身食厚禄，时有横赐，计囊装亦可以治第，但念内典以此世界为缺陷，安得圆满如意，自求称足？今市新宅，须一年缮完，人生朝暮不可保，又岂能久居？巢林一枝，聊自足耳，安事丰屋哉？

——元代脱脱等《宋史·李沆传》

【译文】

领着皇家丰厚的俸禄，又经常得到朝廷的恩赐，估计口袋中所装银两是可以营造房屋的，但一想起佛经中对这个世界的看法，我们又怎么能够事事都圆满如意而强求满足呢？如今购买新宅，必须一年时间整治完工。人一生朝朝暮暮尚且不可保全，又怎么能够久居呢？小鸟以一个树枝为巢，尚且可以满足，我们又哪里用得着宽大的房屋呢？

【原文】

曰："齐家治国，其理无二，使一家之间长幼内外，各尽其分，严于循理，则一家治矣。一家既治，达之一国，以至天下，亦举而措之耳。朕观其要，只在诚实而有威严，诚则笃亲爱之恩，严则无闺门之失。"

——明代朱元璋《明实录·太祖实录》

【译文】

明太祖朱元璋说："治理家庭和治理国家，其道理是一样的，使家庭

朱元璋（画像）

之间年长的和年幼的、管理家庭内务的和在外面从事生产经营的各尽本分，严格遵守礼法，那么家庭就能治理好。家庭既然已经治理好，将此治理家庭的举措推及至一国乃至天下，那么国家以至于天下也就可以治理好了。我认为治理家庭的关键，主要在于诚实而又有威严。诚实就可以使整个家庭和睦，而威严就可以使全家每一个人都不会有什么过失。

【原文】

观人家起卧之早晚，而知其兴衰。

——明代庞尚鹏《庞氏家训》

【译文】

看家庭成员起床的早晚，便知晓这个家庭的兴衰。说明每个家庭要想兴旺，必须早起晚睡，辛勤劳动。

【原文】

治家之道，谨肃为要。《易经·家人》卦，义理极完备，其曰："家人嗃嗃，悔厉吉；妇子嘻嘻，终吝。"嗃嗃近于烦琐，然虽厉终吉。嘻嘻流于纵轶，则始宽而终吝。余欲于居室自书一额曰："惟肃乃雍"，常以自警，亦愿吾子孙共守也。

——清代张英《聪训斋语》

【译文】

治理家庭的关键，是谨慎、严肃。《易经·家人》卦中的义理极为完

备，其中说："家人苦于家法之严，虽不舒泰，但其结局是好的；而妇女小孩嘻嘻笑笑，不守家法，那么终有艰难。""嗃嗃"，与烦琐相接近，然而虽然严厉，但结局是好的。"嘻嘻"，流于放纵，虽然开始舒泰，但最终必有困难。我想在居室中自己题写一块匾额，上面写上："惟肃乃雍"，时常以此自律，也希望我的子孙们共同遵守。

【原文】

十月二十六日得家书，知新置田获秋稼五百斛，甚喜。而今而后，堪为农夫以没世矣！要须制碓、制磨、制筛箩簸箕、制大小扫帚、制升斗斛。家中妇女，率诸婢妾，皆令习舂揄蹂簸之事，便是一种靠田园长子孙气象……

我想天地间第一等人，只有农夫，而士为四民之末。农夫上者种地百亩，其次七八十亩，其次五六十亩，皆苦其身，勤其力，耕种收获，以养天下之人。使天下无农夫，举世皆饿死矣。我辈读书人，入则孝，出则弟，守先待后，得志泽加于民，不得志修身见于世，所以又高于农夫一等。今则不然，一捧书本，便想中举、中进士、作官，如何攫取金钱、造大房屋、置多田产。起手便错走了路头，后来越做越坏，总没有个好结果。其不能发达者，乡里作恶，小头锐面，更不可当。

…………

吾家业地虽有三百亩，总是典产，不可久恃。将来须买田二百亩，予兄弟二人，各得百亩足矣，亦古者一夫受田百亩之义也。若再求多，便是占人产业，莫大罪过。天下无田无业者多矣，我独何人，贪求无厌，穷民将何所措足乎！或曰：世上连阡越陌，数百顷有余者，子将奈何？应之曰："他自做他家事，我自做我家事，世道盛则一德遵王，风俗偷则不同为恶，亦板桥之家法也。"

——清代郑板桥《郑板桥集·范县署中寄舍弟墨第四书》

【译文】

十月二十六日收到家里寄来的信，得知家中又新买了田产，并收获了

五百斛粮食，我心中非常高兴。从此，我们家人就可以终身务农了！你们要制一些碓、磨、筛萝、簸箩、大小扫帚以及升、斗、斛等物。家中的妇女和婢妾们，都要学习做农事，这才是一种靠着田园抚养子孙的气象……

我想，天地间的第一等人只有农夫，而士则为四民之末。能干的农夫能种田百亩，其次是七八十亩，再其次是五六十亩，他们都是靠出卖自己的劳力，耕种收获，养活了天下之人。假如天下没有农夫，那么，世人就会全被饿死了。我们这些读书人，本应在家孝顺父母，外出敬爱兄长，遵守古圣先王的教训以培养教育后代，得志就惠及百姓，不得志就修身而闻名于世，因而才又高于农夫一等。如今的读书人则不是这样，一捧起书本，便想着中举、中进士、做官，想着如何攫取金钱、造大房屋、多置田产。一开始便走错了路，后来就越做越坏，总之，是没有好结果的。其中那些不成大器的人，尖头小面，作恶乡里，那就更坏了。

…………

我们家虽然有三百亩地，但终究是典押的田产，不可作为长久的依靠。将来还是要买二百亩地，我们兄弟二人各得百亩就够了，这也是古代一人受田百亩的含义。如果再多，便是侵占了别人的产业，是莫大的罪过。天下有那么多无田无业的人，我是何人，竟敢这样贪得无厌，那些

郑板桥绘《竹石图》

贫穷的百姓将在何处立足！有人或许会说，世上有人就是要田连阡陌，拥有数百顷土地，你又能怎样呢？我说，他做他的事，我做我的事，世道昌盛，我们则共遵王法；风俗败坏，我不同他一起为恶，这也就是我郑板桥的家法。

【原文】

吾细思凡天下官宦之家，多只一代享用便尽。其子孙始而骄佚，继而流荡，终而沟壑，能庆延一二代者鲜矣。商贾之家，勤俭者能延三四代；耕读之家，谨朴者能延五六代；孝友之家，则可以绵延十代八代。我今赖祖宗之积累，少年早达，深恐其以一身享用殆尽，故教诸弟及儿辈，但愿其为耕读孝友之家，不愿其为仕宦之家。诸弟读书不可不多，用功不可不勤，切不可时时为科第仕宦起见。若不能看透此层道理，则虽巍科显宦，终算不得祖父之贤肖，我家之功臣。若能看透此道理，则我钦佩之至。

——清代曾国藩《曾文正公全集》

【译文】

我仔细思考着这样一个问题：大凡天下做官的人家，其福禄大多只够一代人享用。其子孙起初骄横放肆，接着又流落放荡，最终被人弃尸溪谷，能够有幸绵延一到两代的实不多见。做生意的人家，勤劳俭朴者能够绵延三到四代；既种田又读书的人家，谨慎朴实者能够绵延五到六代；孝顺父母、友爱兄长的人家，则可以绵延八到十代。我现在依靠祖宗所积累下来的恩德，少年得志，深恐我自己一个人会把这种恩德享用殆尽，所以告诫各位弟弟及儿子们，但愿你们成为耕读和孝友之家，不可成为做官的人家。各位弟弟要多读书，勤用功，千万不能时时有读书是为了做官的想法。如果不能看透这个道理，即使是科举中榜名列前茅、做了显赫之官，也终究算不上祖辈的贤能子孙，也算不上我们家的有功之臣。如果能看透这个道理，那么我会十分钦佩。

【原文】

家中兄弟子侄，总宜以"勤敬"二字为法。一家能勤能敬，虽乱世亦有兴旺之象；一身能勤能敬，虽愚人亦有贤者风味。吾生平于此二字少工夫，今谆谆以训吾昆弟子侄，务宜刻刻遵守。

——清代曾国藩《曾文正公全集》

【译文】

家中兄弟子侄，总应该以"勤敬"二字作为准则。一个家庭能够勤勉恭敬，即使处在乱世之中也会有兴旺气象；一个人能够勤勉恭敬，即使天资愚钝也会有贤者智者的风度。我平生在这两个字上努力不够，今天再三告诫各位兄弟子侄，一定要时刻遵守。

【原文】

然祸福由天主之，善恶由人主之。由天主者，无可如何，只得听之；由人主者，尽得一分算一分，撑得一日算一日。吾兄弟断不可不洗心涤虑，以求力挽家运。第一，贵兄弟和睦。第二，贵体孝道。第三，要实行"勤俭"二字。勤者生动之气，俭者收敛之气。有此二字，家运断无不兴之理。

——清代曾国藩《曾文正公全集》

【译文】

祸福由天做主，善恶由人做主。由天做主的事，人力无可奈何，只得听之任之；而由人做主的事，就要能尽一份力算一份力，能坚持一天就坚持一天。我们兄弟一定要清除心里的杂念，努力挽回家运。第一要兄弟和睦，第二要体行孝道，第三要实行"勤俭"二字。勤劳是生机勃勃的气象，俭朴是守志不乱的气象。有了这两个字，家运绝对没有不兴旺的道理。

【原文】

余与沅弟论治家之道，一切以星冈公为法，大约有八个字诀，其四字

即上年所称书、蔬、鱼、猪也，又四字则曰早、扫、考、宝。早者，起早也；扫者，扫屋也；考者，祖先祭祀，敬奉显考、王考、曾祖考，言考而妣可该也；宝者，亲族邻里，时时周旋，贺喜吊丧，问疾济急，星冈公常，曰人待人无价之宝也。星冈公生平于此数端最为认真，故余戏述为八字诀曰：书、蔬、鱼、猪、早、扫、考、宝也。此言虽涉谐谑，而拟即写屏上，以祝贤弟夫妇寿辰，使后世子孙知吾兄弟家教，亦知吾兄弟风趣也。

——清代曾国藩《曾文正公全集》

【译文】

我与沅弟讨论治家的原则，各个方面都依照星冈公（按：曾国藩祖父曾玉屏，字星冈）的做法，大约有八个字诀，其中四个字就是去年所说的书、蔬、鱼、猪，还有四个字就是早、扫、考、宝。早就是黎明即起；扫就是打扫庭院；考就是祭祀祖先，对父亲、祖父、曾祖父要恭敬，这里所讲的对父亲要恭敬，当然也包括母亲在内；宝就是亲族邻里之间要经常来往，做到贺喜吊丧，探视疾病，接济急难。星冈公常说人与人之间和睦相处是无价之宝。星冈公一生对这几条最为认真，所以我试着把它概括为八字诀，这就是书、蔬、鱼、猪、早、扫、考、宝。这种说法也许不太庄重，不过我还是打算把它写在屏幅上，用来祝贺贤弟夫妇的寿辰，使后世子孙知道我们兄弟的家教，也了解我们兄弟的情趣。

二、家训故事

1. 注重节俭的唐太宗

老子曾说："吾有三宝：一曰慈，二曰俭，三曰不敢为天下先。"意思是："我有三件法宝，第一件是慈爱；第二件是节俭；第三件是不敢居于天下人的前面。"其中"节俭"是老子的"三宝"之一。纵观历史，我们会发现很多明君都是提倡节俭的人。比如历史上最著名的汉文帝，一生节俭，从不敢铺张浪费。正是从他开始才缔造了"文景之治"，为后来的汉武大帝创造了丰富的物质基础、奠定了百姓安居乐业的局面，因此历史上说"德莫高于汉文"。

除了汉文帝之外，我国古代的许多帝王都非常重视节俭美德，并且以身作则，昭示天下。唐太宗李世民开创了"贞观之治"的太平盛世，使中国成为当时世界上最富强的国家。唐太宗也是我国历史上少有的既能打天下又能治天下的明君。

唐太宗非常注重节俭，深知物力维艰。作为一个新王朝的君主，一般来说都会大兴土木，以显示自己的威严。但唐太宗认为这样会劳民伤财，所以一改以往新君登基大兴土木的风习，仍然住在隋朝时期的旧宫殿里面。在他的带领下，朝廷上下逐渐形成了崇尚节俭的风气，并出现了一大批以节俭闻名的大臣。

唐太宗常常对臣下说："人君依靠国家，国家依靠百姓。剥削百姓来奉养人君，就像割自己身上的肉来食用，肚子虽然饱了，但身子也就毁了，人君虽然富了，但国家也就亡了。所以人君的灾祸，不是来自外面，而是由自己造成的。我常想这个道理，所以不敢奢侈纵欲。"唐太宗还经常教育太子李治要奉行节俭。比如在吃饭时，太宗会告诫说："你知道了耕种的艰难，就会常常有饭吃。"在骑马时，太宗又说："你体会到马的劳逸，不一次耗尽它的体力，就能经常有马骑。"

其实，节俭所需要的只是随手关紧水龙头的细心、转身关掉灯的小节。节俭的美德是在一点一滴

范仲淹（画像）

中养成的。

2. 勤俭的范仲淹

范仲淹，北宋著名的思想家、政治家、军事家、文学家，进士出身，官至参知政事。范仲淹从小有大志，常以天下为己任。他任地方官时，每到一处都为当地老百姓做了许多好事。虽然官越做越大，但他生活上却自始至终都很俭朴，只有在宴请客人时才吃肉，穿的是普通布料衣服，省下薪俸在家乡设立"义庄"，用于救济同族的穷人。他常对人说："惟俭可以助廉，惟恕可以成德。"并以此来教育子女勤俭。

范仲淹的儿子叫范纯仁。这一年，范纯仁准备娶亲。他想，结婚乃是人生中的一件大事，父亲又在朝廷做着大官，婚礼一定要办得热热闹闹才像个样子。于是，他把要添购的贵重物品开列了一份清单送给父亲过目，想征得父亲同意。

范仲淹拿起这张清单，看着看着，皱起了眉头。他瞥了一眼兴致正高的儿子，摇摇头说："结婚买这么多东西，有点太过分了吧！"纯仁听了很扫兴，就一声不吭，显得很不高兴。于是。范仲淹把儿子叫到跟前，对他进行了严肃的批评。他详细地向儿子讲了自己年轻时的苦难生活。他说："我小时候，因为家里穷，十多岁才上学，借住在一个寺庙里。那时，经常自己煮些粥，等它凝成块以后，用筷子划分成四块，早上吃两块，晚上吃两块，作为一天的主食。副食则更简单，吃几根咸菜就行了。后来，一位有钱的同学给我送来好菜好饭，我却一直没有动筷子，因为我想，年轻时太惦记着享乐，将来恐怕就吃不得苦了。现在你们兄弟几个，从小都没有吃过什么苦，我最担心的是你们会不会丢掉咱们范家的勤俭家风。"他还列举了古代一些名士以俭为荣的事例。

在父亲的教育和耐心启发下，纯仁懂得了为人廉洁、俭朴的道理，高高兴兴地改变了原来的计划，按照父亲的嘱咐很节俭地办了婚事。范仲淹不但在生活上对子女严格要求，而且在为人处事和品德修养方面也时时给子女以教诲。他在《告诸子及弟侄》一文中，告诫子弟应努力学习，清心洁行。他说："要慎于高谈阔论，要注意树立自己平和的形象，应当看大节，不必私论曲直，取小名而招致大的后悔。做官不可办欺骗之事，要与同事和睦多礼，有事要与同事商量，不要同上司官吏商量，不要纵容乡亲到属下兴贩取利。自己一定要做清心之官，切不可营取私利。"

范仲淹"先忧后乐"，吃苦在前、享受在后的思想无不深刻影响着他的后人。后来，他的儿子范纯仁做了宰相，廉洁如一，所得俸禄也像他的父亲一样，用来资助"义庄"帮助穷人。因此，史家说他是"位过其父而有父风"。

三、家训自悟

人惰而侈则贫，力而俭则富。

——《管子·八观》

克勤于邦，克俭于家。

——《尚书·大禹谟》

俭，德之共也；侈，恶之大也。

——《左传·庄公二十四年》

人生在勤，不索何获。

——东汉张衡《应闲》

治家有患焉：积而不能散，则有鄙吝之累；积而好奢，则有骄上之罪。大者破家，小者辱身。

——三国时期王昶《家诫》

俭开福源，奢起贫兆。

——《魏书·李彪传》

奢侈之费，甚于天灾。

——唐代房玄龄《晋书·傅玄传》

居丰行俭，在富能贫。

——唐代房玄龄《晋书·陆云疏》

国无九岁之储，不足备水旱；家无一年之服，不足御寒暑。

——唐代李世民《帝范·务农第十》

历览前贤国与家，成由勤俭败由奢。

——唐代李商隐《咏史》

谁知盘中餐，粒粒皆辛苦。

——唐代李绅《悯农》

不栽桃李树，何日得成阴。

——唐代王昌龄《驾幸河东》

方知此艺不可有，人间万事凭双手。

——唐代牛殳（shū）《琵琶行》

家中勤检校，衣食莫令偏。

——《全唐诗补逸》

克勤克俭，无怠无荒。

——宋代郭茂倩《乐府诗集·梁太庙乐舞辞》

治家在勤俭，临财戒多取。

——北宋·郑侠《示女子》

懒者常似静，静岂懒者徒。

——宋代苏轼《送岑著作》

积善之家，必有余庆；积不善之家，必有余殃。善不积不足以成名，恶不积不足流，积为江河；星星之灼，燎于原野，其始至微，其终至巨。

——北宋梁焘《家庭谈训》

众人皆以奢靡为荣，吾心独以俭素为美。

俭者，君子之德。世俗以俭为鄙，非远识也。俭则足用，俭则寡求，俭则可以成家，俭则可以立身，俭则可以传子孙。

富家有富家计，贫家有贫家计，量入为出，则不至乏用矣。用常有余，则可以为意外横用之备矣。

——南宋倪思《经锄堂杂志》

立家之道，不可过刚，不可过柔，须适厥中。

——元代郑太和《郑氏规范》

"传家"两字，曰读与耕。"兴家"两字，曰俭与勤。"安家"两字，曰让与忍。"防家"两字，曰盗与奸。"亡家"两字，曰淫与暴。……

——明代吕坤《孝睦房训辞》

一日之计在于寅，一年之计在于春，一生之计在于勤。起家的人，未有不始于勤而后渐渐流于荒惰，可惜也。

居家之要，在"勤俭"二字，既勤且俭，尤在"忍"之一字。

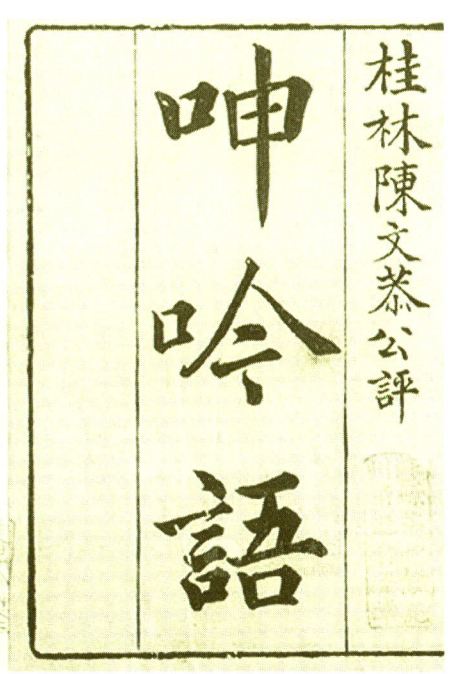

明代吕坤《呻吟语》

家处穷约时，当念"守分"二字；家处富盛时，当念"惜福"二字。

惟清修可胜富贵，虽富贵不可不清修。

人须俭约自持，不可恃产浪费。

——明代姚舜牧《药言》

以勤俭治生，以忠厚养德。

——明代王直《示秬子文》

一粥一饭，当思来处不易；半丝半缕，恒念物力维艰。

自奉必须俭约，宴客切勿流连。

器具质而洁，瓦缶胜金玉。

饮食约而精，园蔬愈珍馐。

——明代朱柏庐《夫子治家格言》

志从肥甘丧，心以淡泊明。

常将有日思无日，莫待无时想有时。

——《增广贤文》

治家舍节俭，别无可经营。

处乱世与太平时异，只一味节俭收敛，谦以下人，和以处众。

——明代吴麟徵《家诫要言》

做人家，切弗贪富，只如俗言"从容"二字甚好……假如八口之家，能勤能俭，得十口资粮；六口之家，能勤能俭，得八口资粮，便有二分余剩。何等宽舒，何等康泰。

——明代温璜述《温氏母训》

古称受恩多，难立朝，居乡亦难立身，要须勤俭资身，以免求人。

——明代许相卿《许云屯贻谋》

问世间何者最乐？母曰：不放债、不欠债的人家，不大丰、不大歉的年时，不奢华、不盗贼的地方，此最难得；免饥寒的贫士，学孝弟的秀才，通文义的商贾，知稼穑的公子，旧面目的宰官，此尤难得也。

——明代温璜述《温氏母训》

家之兴替，全不系乎富贵贫贱，存乎人之贤不肖耳。贫贱而好修饬行，兴隆之道；富贵而纵恣背理，败亡之辙也。

魏喜善（画像）

凡不能俭于己者，必妄取于人。

——清代魏禧《日录里言》

财犹水也，堤防以限之，则灌溉不竭；决口奔腾，其涸可待矣。财犹火也，炉炭以护之，则温燠可常；当风吹拂，其焰立消矣。

食之以时，用之以时，此节俭之大端也。

——清代胡达源《治家良言汇编·尚节俭》

勤以成天下之务，早作夜思，慎终如始，何事不可为，一懒便皆废弛。

——清代胡达源《治家良言汇编·裕经济》

俭之一字，须省多钱，不可省少钱；须省无益之钱，非省有益之钱。

——清代庄受祺《维摩室遗训·训诫》

勤有三益，曰：民生在勤，勤则不匮，是勤可以免饥寒，一益也；农

民昼则力作，夜则甘侵，邪心淫念无从而生，是勤可以远淫僻，二益也；户枢不蠹，流水不腐，周公论三宗，文王必归之无逸，是勤可以致寿考，三益也。

——清代高拱京《高氏塾铎·治生勤》

男也勤，女也勤，三餐茶饭不求人。女也懒，男也懒，千百万亩终讨饭。

——清代汪辉祖《双节堂庸训·治家》

金钱本流通之物，经营得法，自然来源不竭。

——清代刘鉴《曾氏女训·家政》

凡家不可太贫，太贫则难立；亦不可太富，太富则易淫……可以养生送死守家法长子孙而已。

——清代张履复《训子语》

古人之意，全在小处节俭。大处之不足，由于小处之不谨；月计之不足，由于每日之用过多也。

——清代张英《恒产琐言》

恒产不可不置，又不可多置。每见广置田亩者，一经荒歉，钱粮赔累，并所有者而亦思售焉。此恒产之不可多置也。

做人家者不可贪多。治家勤俭，渐底充盈。一有贪多之念，辄思方圆田地，借债置产，一经盘算，并所有而皆去矣。

——清代姚延著《姚氏家训》

第十章　尽孝感恩，做孝顺孩子

《尔雅》为孝的定义是："善事父母为孝"。东汉许慎在其《说文解字》中云："孝，善事父母者。从老省、从子，子承老也。"他根据"孝"的小篆字形，认为"孝"字是由"老"字省去下边的构件，与"子"字组合而成的会意字。"老"与"子"合起来就是"孝"。"老"是上一代，"子"是下一代，上一代与下一代密不可分。下一代想着如何背负父母，即把奉养父母的责任担在肩上，就是孝道。生活中需要孝道，在家庭中子女要尽孝道，不仅要养亲，而且要敬亲、顺亲、爱亲，使父母生活在一个和睦的家庭中，享受天伦之乐。

历史在前进，社会在发展。继承传统文化并不是原封不动地照搬下来，而是汲取有益的精神食粮，批判不符合时宜的内容。对于孝道也是这样，继承其合理成分，也就是其基本精神，并要与时俱进，有扬弃，有继承。

2012 年 8 月 13 日，全国妇联老龄工作协调办、全国老龄办、全国心系系列活动组委会共同发布了新版"二十四孝"行动标准，内容如下：

（1）经常带着爱人、子女回家；

（2）节假日尽量与父母共度；

（3）为父母举办生日宴会；

（4）亲自给父母做饭；

（5）每周给父母打个电话；

（6）父母的零花钱不能少；

（7）为父母建立"关爱卡"；

（8）仔细聆听父母的往事；

（9）教父母学会上网；

（10）经常为父母拍照；

（11）对父母的爱要说出口；

（12）打开父母的心结；

（13）支持父母的业余爱好；

（14）支持单身父母再婚；

（15）定期带父母做体检；

（16）为父母购买合适的保险；

（17）常跟父母做交心的沟通；

（18）带父母一起出席重要的活动；

（19）带父母参观你工作的地方；

（20）带父母去旅行或故地重游；

（21）和父母一起锻炼身体；

（22）适当参与父母的活动；

（23）陪父母拜访他们的老朋友；

（24）陪父母看一场老电影。

一、家训集锦

【原文】

子曰："事父母，几谏。见志不从，又敬不违，劳而不怨。"

——《论语·里仁》

【译文】

孔子说："侍奉父母，如果父母有做得不对的地方，应该委婉地进行劝谏。自己的意愿表达了却没有得到父母的支持，仍然要对他们恭恭敬敬而不能触犯他们，只在心里忧愁而不怨恨。"

【原文】

子曰："父母在，不远游，游必有方。"

——《论语·里仁》

【译文】

孔子说："父母在世，不远离家乡，四处游玩，如果要出远门，必须有一定的去处。"

【原文】

子曰："父母之年，不可不知也。一则以喜，一则以惧。"

——《论语·里仁》

【译文】

孔子说："父母的年龄，不可以不知道。一方面要为他们长寿而高兴，一方面要为他们衰老而担忧。"

【原文】

子曰："父在观其志，父没观其行。三年无改于父之道，可谓孝矣。"

——《论语·学而》

【译文】

孔子说："父亲在世时看他的志向，父亲逝世后看他的行为，如果在三年之内不改变父亲留下的正确的原则，就可算得上孝子。"

【原文】

孟子曰："不孝有三，无后为大。舜不告而娶，为无后也，君子以为犹告也。"

——《孟子·离娄上》

【译文】

孟子说："对父母不孝的事情有三件，其中又以没有子孙后代为最大。

舜不告诉父母就娶尧的两个女儿为妻，就是因为担心绝了后代，所以在明理的君子看来，他虽然没有禀告父母，但和禀告了是一样的。"

【原文】

孟子曰："世俗所谓不孝者五，惰其四支，不顾父母之养，一不孝也；博弈好饮酒，不顾父母之养，二不孝也；好货财，私妻子，不顾父母之养，三不孝也；从耳目之欲，以为父母戮，四不孝也；好勇斗狠，以危父母，五不孝也。"

——《孟子·离娄下》

【译文】

孟子说："一般人所谓不孝的事情有五件：四肢懒惰，不管父母的生活，一不孝；好下棋、赌博、喝酒，不管父母的生活，二不孝；好钱财，偏爱妻室儿女，不管父母的生活，三不孝；放纵耳目的欲望，使父母因此而受耻辱，四不孝；逞勇敢好斗殴，危及父母，五不孝。"

【原文】

曾子曰："先王之所以治天下者五：贵德、贵贵、贵老、敬长、慈幼。此五者，先王之所以定天下也。所谓贵德，为其近于圣也；所谓贵贵，为其近于君也；所谓贵老，为其近于亲也；所谓敬长，为其近于兄也；所谓慈幼，为其近于弟也。"

——先秦吕不韦《吕氏春秋·孝行》

【译文】

曾子说："先王用来治理天下的方法有五条：崇尚道德，崇尚尊贵，尊敬老人，尊敬年长的人，爱护年幼的人。这五条，就是先王用来使天下安定的方法。所谓崇尚道德，是因为它接近于圣贤；所以崇尚尊贵，是因为它接近于君主；所以尊敬老人，是因为他们接近于父母；所以尊敬年长的人，是因为他们接近于兄长；所以爱护年幼的人，是因为他们接近于弟弟。

明代刊本《吕氏春秋》

【原文】

曾子曰："身者，父母之遗体也，行父母之遗体敢不敬乎？居处不庄，非孝也；事君不忠，非孝也；莅官不敬，非孝也；朋友不笃，非孝也；战陈不勇，非孝也。五行不遂，灾及乎亲，敢不敬乎？"《商书》曰："刑三百，罪莫重于不孝。"

——先秦吕不韦《吕氏春秋·孝行》

【译文】

曾子说："人的身体是父母所生，使用父母给予的身体，怎敢不小心谨慎呢？日常言行举止不恭敬，就不是孝顺；侍奉君主不忠诚，不是孝顺；居官不谨慎，不是孝顺；交友不诚实，不是孝顺；临战不勇敢，不是孝顺。如果做不到庄、忠、敬、笃、勇这五点，灾祸就会连累到亲人，怎敢不小心谨慎呢？"《商书》上说："刑法三百条，罪过没有比不孝顺更重的了。"

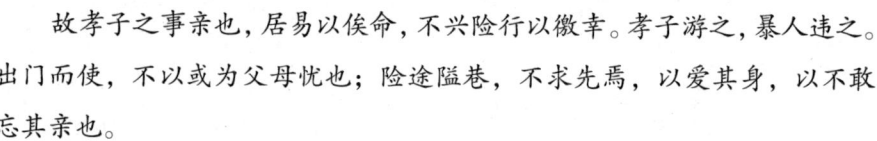

【原文】

故孝子之事亲也，居易以俟命，不兴险行以徼幸。孝子游之，暴人违之。出门而使，不以或为父母忧也；险途隘巷，不求先焉，以爱其身，以不敢忘其亲也。

——西汉戴德《大戴礼记·曾子本孝》

【译文】

所以孝子侍奉父母，是处在安稳的境地，以等待天命，不做出危险的行为来追求非分的幸福。遇到孝顺的人就与他同游，遇到凶暴的人就离他远远的；奉命出门为使臣，不以任何一件事让父母担忧；走到危险的道路和窄狭的街巷，不和别人争先，这样爱护自身，是因为不敢忘记父母啊！

【原文】

子曰："可人也，吾任其过；不可人也，吾辞其罪。"诗云："有子七人，莫慰母心。"子之辞也。"夙兴夜寐，无忝尔所生。"言不自舍也。不耻其亲，君子之孝也。

——西汉戴德《大戴礼记·曾子立孝》

【译文】

孔子说："劝谏的话，可以说进去，我就担当那过错；不能说进去，我就数责自己的过错。"《诗经》说："有七个儿子，却不能安慰慈母的心。"这是儿子自责、自谦的话。又说："早起晚睡勤奋工作，是为了不让父母为自己所生的儿子羞愧。"这是说一刻也不放松自己。不把耻辱加到父母身上，这就是君子的孝道啊！

【原文】

曾子芸瓜而误斩其根，曾皙怒，援大杖击之，曾子仆地。有顷乃苏，蹶然而起，进曰："曩者参得罪于大人，大人用力教参，多无疾乎？"退屏鼓琴而歌，欲令曾皙听其歌声，知其平也。孔子闻之，告门人曰："参来，勿内也。"曾子自以无罪，使人谢孔子。孔子曰："汝不闻瞽叟有子，名曰舜。舜之事父也，索而使之，未尝不在侧，求而杀之，未尝可得。小箠则待，大箠则走，以逃暴怒也。今子委身以待暴怒，立体而不去，杀身以陷父不义，不孝孰是大乎？"

——西汉刘向《说苑·建本》

【译文】

曾子在为瓜苗除草时误斩了瓜苗的根，其父亲曾皙大怒，操起大木棍向曾子打去，曾子倒在地上。过了好一会儿，曾子苏醒过来，他急忙跳起来，对父亲说："刚才我得罪了您，您用大力气教导我，不会有什么伤痛吧？"说完就退到屏风后面一边弹琴一边唱歌，想让曾皙听他的歌声，知道他已经平静下来了。孔子听说这件事后，吩咐守门人说："曾子如果来了，不要让他进来。"曾子自以为没有什么过错，派人去告诉孔子。孔子说："你没有听说瞽叟有一个儿子，名字叫舜。舜侍奉父亲，父亲找他做什么事情，他一定都在父亲的左右，父亲要想杀掉他，不一定能办得到。小的惩罚就侍候在旁边，大的惩罚就逃走，这是逃避暴怒的表现。现在你用自己的身体去应付父亲的狂怒，站在那里而不逃避，牺牲自己而后让父亲陷入不义的境地，这难道不是大大的不孝吗？"

【原文】

为人子者，居不主奥，坐不中席，行不中道，立不中门。食飨不为概，祭祀不为尸。听于无声，视于无形。不登高，不临深，不苟訾，不苟笑。孝子不服闇，不登危，惧辱亲也。

——宋代司马光《四库全书·家范》

【译文】

为人之子，住房不能占据西南角尊长的位置，坐的时候不能坐在正中间，走路时也不能走中间，站立时不能站在门的中间。吃饭不能挑三拣四，

祭祀时不能充当受祭者而接受别人的礼拜。要默默倾听别人的意见，不要多插嘴；要学会察言观色，善解人意。为人子，不能登高临深，冒险行事，不能胡乱骂人，不能随便说笑。孝子不在暗地里做事，不到危险的地方，怕的是因为自己的行为辱没了父母。

【原文】

或曰：亲有危难则如之何？亦忧身而不救乎？曰：非谓其然也。孝子奉父母之遗体，平居一毫不敢伤也；及其徇仁蹈义，虽赴汤火无所辞，况救亲于危难乎！古以死徇其亲者多矣。

——宋代司马光《四库全书·家范》

【译文】

有人问：如果父母亲人有危难，怎么办？子女也担心自己的身体受到伤害而不去救吗？回答说：并不能这样理解。孝子对待父母给予的身体，平时连一丝一毫都不敢伤害；到了舍身为仁、杀身取义的时候，即便是赴汤蹈火也在所不辞，何况是在危难之时救父母亲人呢！自古以来为父母亲人献身的人很多很多。

【原文】

《经》曰：立身行道，扬名于后世，以显父母，孝之终也。又曰：事亲者，居上不骄，为下不乱，在丑不争。居上而骄则亡，为下而乱则刑，在丑而争则兵。三者不除，虽日用三牲之养，犹为不孝也。

——宋代司马光《四库全书·家范》

【译文】

《孝经》说：子女立身守志，遵守道德，扬名于后代，光宗耀祖，这才是孝顺父母的最高表现。又说：子女孝顺父母，表现在身居高位而不骄傲，处于下民的地位却不作乱，在逆境之中却不争斗。如果身居高位而骄傲就会自取灭亡，为下民而去作乱就会受到惩处，身处逆境却要争斗，就

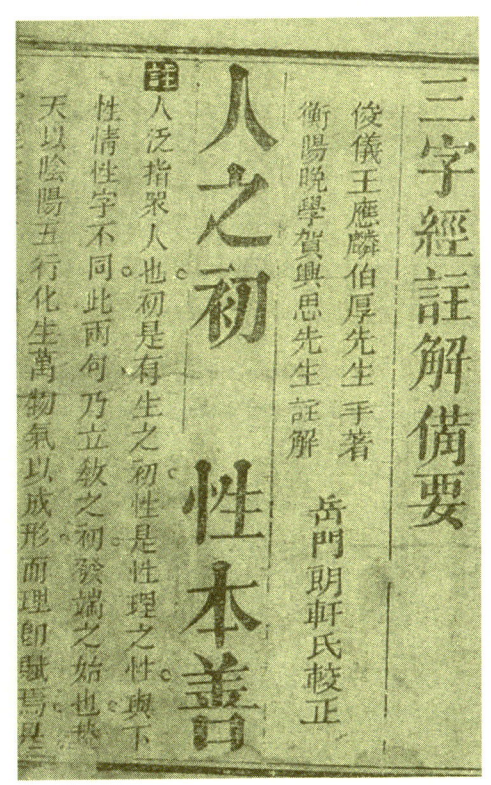

清代写刻本《三字经注解备要》

会受到伤害。这三者不消除，即便你每天用牛、羊、猪肉等供养父母，还是属于不孝顺父母。

【原文】

为人子，方少时，亲师友，习礼仪。香九龄，能温席，孝于亲，所当执。融四岁，能让梨，弟于长，宜先知。首孝悌，次见闻。

——南宋王应麟《三字经》

【译文】

做子女的，处于年少时，就要拜师访友，学习礼仪知识。黄香九岁时，冬天就给父亲暖被窝，这是每个孝顺父母的人都应该遵循、效仿的。孔融四岁时，就知道把大梨让给哥哥吃，做弟弟的对兄长，应该懂得礼让这个道理。首先要学习孝悌之道，其次才是学习文化知识。

【原文】

祖父母爱汝，汝狎而忘敬；汝母训汝，汝傲而弗亲，今吾不测，汝代吾为子，可不仰体祖父母之心乎？至于汝母更倚何人？汝若不孝，神明殛之矣。

——明代李应升《碧血录·付逊之儿手笔》

【译文】

祖父母疼爱你，你却轻率对待，失去应有的尊敬；你母亲训导、教诲你，你却一副傲慢的态度而不去亲近母亲，如今我遭受意外灾祸，你作为

我的孩子，怎么可以不敬仰、体会祖父母的心意呢？至于你母亲，又能依靠何人？如果你不孝，神灵会折杀你的。

【原文】

子曰：孝子之事亲也，居则致其敬，养则致其乐，病则致其忧，丧则致其哀，祭则致其严，五者备矣，然后能事亲。

——《孝经》纪孝行章第十

【译文】

孔子说："孝子对父母亲的侍奉，体现在日常生活中要对父母恭敬，在奉养饮食生活时，要保持和悦、愉快的心情；父母生

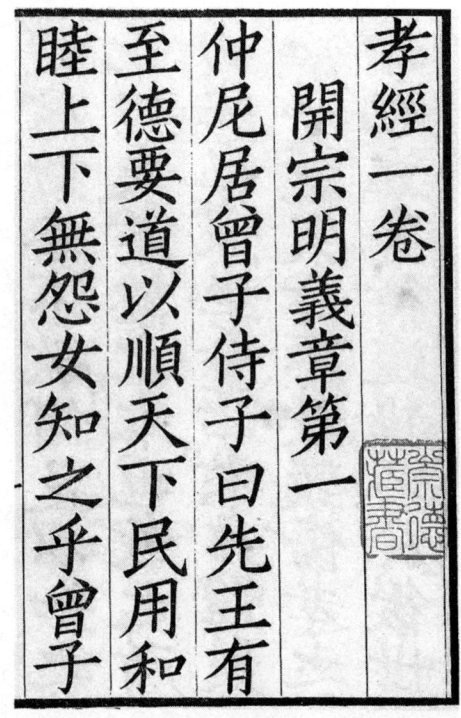

1926年天津曹锟刻本《孝经》

了病，要有忧虑意识，并用心照料；父母去世了，要在悲哀的同时，尽心竭力料理后事；对先人的祭祀，要严肃对待，不乱礼法。这五方面做得完备、周到了，方可称得上对父母尽到了子女的责任。"

【原文】

孝友为家庭之祥瑞。凡所称因果报应，他事或不尽验，独孝友则立获吉庆，反是则立获殃祸，无不验者。吾早岁久宦京师，于孝养之道多疏，后来辗转兵间，多获诸弟之助，而吾毫无裨益于诸弟。余兄弟姊妹各家，均有田宅之安，大抵皆九弟扶助之力。我身殁之后，尔等视两叔如父，事叔母如母，视堂兄弟如手足。凡事皆从省啬，独待诸叔之家则处处从厚，待堂兄弟以德业相劝、过失相规，期于彼此有成，为第一要义。其次则亲

214

之欲其贵,爱之欲其富,常常以吉祥善事代诸昆季默为祷祝,自当神人共钦。

——清代曾国藩《曾文正公全集·预立遗嘱谕二子》

【译文】

　　孝顺父母和友爱兄弟是家庭的祥瑞征兆。人们所说的因果报应,对其他事来说,或许不一定全都应验,唯独做到了"孝友"二字,就会立即获得吉庆,反之就会立即遭遇灾祸,这一点没有不应验的。我早年一直在京城做官,在孝顺奉养方面多有疏忽,后来在军队里辗转奔走,得到了几个弟弟的很多帮助,而我却从没给几个弟弟带来好处。我兄弟姐妹各家都有安定的田园住宅,大抵都靠九弟的大力扶助。我死了以后,你们对两个叔父要同对父亲一样,对叔母要如同对母亲一样,看待堂兄弟要如同胞手足一样。凡事都要讲究节省、俭约,但对待几个叔叔家要处处优厚,对待堂兄弟则以品德、学业相劝导,他们有了过失要对其加以规劝,以激励彼此都有所成就作为第一要义。其次,要和他们相亲相爱,希望他们能够富贵,常常替各位堂兄弟默默祷祝吉祥如意,自然会得到天人的共同敬仰。

【原文】

　　我弟兄四人,惟吾弟年幼,尚在乡攻读,家中事务,全恃母亲主持。老母年近古稀,精神日退,兄服务在外,不能时时回来,吾弟年逾弱冠,世务情形,当默自考察,佐母亲精力之不逮。昏晨侍奉,尤须必恭必敬。倘有不满意事,不可趁一时血气,以使母亲不悦。遇疑难事,尤宜与诸长辈商量,不可独断独行。

——清代李鸿章《李文忠公全集·家书》

【译文】

　　我们兄弟四人,只有你最年幼,还在家乡攻读,家中事务,全靠母亲主持。老母年近七十,精神一天天减退,我在外面,不能时时回来,你已经过了二十岁,对于时务情形,应当自己默默地加以考察,辅佐母亲精力所不及之处。每天早晚侍奉母亲,尤其要毕恭毕敬。如果有不满意的事情,

李鸿章一家合影

决不可感情冲动，使母亲不高兴。碰上疑难的事情，尤其应当和各位长辈商量，不可独断专行。

【原文】

一家敬老则一家和，一乡敬老则一乡安。凡事问老成人则少失，敬老则人类之纲举……尝见子弟规矩尊敬长老，其人必有成就；慢其长老，其人必败。又尝观古之治国，敬老尚齿，其国必强。

——清末金蓉镜《训俗常谈·敬老》

【译文】

一个家庭能敬重老人，就能家庭和睦；一个乡村能敬重老人，那么整个乡村都会安宁。凡有事情请教年高有德的人，就会减少失误，敬重老人就是人们的主要举措。……曾见过有的子弟能端正老实地尊敬年纪大的人，这些人必定有成就；而怠慢年纪大的人，他们必定会败落。又曾观望考察古代的治国，凡是能敬重和崇尚年纪大的人的，这个国家必定强盛。

晚清时著名政治家、思想家，资产阶级改良派代表人物康有为

【原文】

父母固人所至亲，子者固人所至爱，然但自亲其亲，自爱其子，而不亲人之亲，不爱人之子，则天下人之贫贱愚不肖者，老幼矜寡孤独废疾者，皆困苦颠连，失所教养矣……故公世，人人分其仰事俯畜之物产财力，以为公产，以养老慈幼，恤贫医疾，惟用壮者，则人人无复有老病孤贫之忧。俗美种良，进化益上，此父子之公理也。

——康有为《礼运注》

【译文】

父母固然是人们最亲的人，子女固然是人们最爱的人，然而只亲自己的父母，只爱自己的子女，而不亲他人的父母，不爱他人的子女，那么天下贫贱、愚昧、不肖的人，老、幼、矜、寡、孤、独、废、疾的人，都会困苦不堪，失去抚养、教育自己的人了……所以到了天下为公的大同世界，人人都可以分到侍奉父母、畜养妻子的物产财力，并以此为公产，赡养老人、慈爱小孩、救助贫者、医疗病者，只让年轻人去贡献才力，这样人们就不用担忧年老、生病、孤独、穷困了。流行美好就能培植优良，社会进步，人们的生活条件也就日益向上，这就是父子亲爱的公理。

二、家训故事

1. 孝敬老人的李晟

李晟（727—793），字良器，唐朝将领，酉平郡王，绰号"万人敌"。李晟年轻时就是一位武艺不凡的豪杰，18岁时投奔名将王忠嗣（时任河西节度使）。安史之乱后曾率军击退吐蕃，最著名的战役是唐兴元元年（公元784年）收复长安之战。

李晟在战场上杀敌无数，威慑无比，在家中，他也是一个对老人孝顺有加的大孝子。

他本人对老人孝敬，同时也严格教导自己的子女要尊敬老人。有一次，李晟陪女儿一同上街买东西，看见一个在路边乞讨的老太婆，全身脏兮兮地跪在地上。当他们经过老太婆身边时，老太婆用手拉了拉他女儿的裙脚，女儿赶紧非常厌恶地抽回衣服，还恶狠狠地吼了老太婆一句，吓得老太婆连忙缩回了手。李晟顾不得责怪女儿，俯身扶起了老太婆，并从身上掏出一些银两给了她。老太婆简直不敢相信，连声道谢。李晟身为西平王，一个驰骋战场的英雄，能有如此的举动，引得在场围观的百姓赞叹不已。

在回家的路上，李晟非常严厉地对女儿说："那位老婆婆虽然是一个乞讨的老人家，可她也是一位母亲，本应由子女在家好好侍候着，但是因为生活贫穷，被迫出来乞讨，你应该怀有一颗慈悲之心才对啊！你不仅不怜悯她，反而还恶言相向，实在太不像话了！"

女儿没想到一向疼爱自己的父亲居然为了一个乞讨的老太婆对自己大发雷霆，感到有些委屈，于是向母亲哭诉。

母亲笑着教育女儿说："你父亲是一个非常孝敬老人的人，即使是别人家的老人，他也视为自家父母一样尊敬、孝敬，这是一个非常好的美德，你应该好好听你父亲的教训才是啊！"

女儿听了母亲一番话，细细地想了想，觉得自己在街上的行为确实有失体统，她马上来到父亲面前，向父亲认了错。

李晟的女儿出嫁后，对公公婆婆也是孝敬有加，深得老人们的喜爱。

有一次，李晟在家中举行宴会庆祝生日，女儿也前来祝贺。席间，李晟见女儿的贴身丫鬟在女儿耳边嘀咕了一阵，但女儿不为所动，依然与身边的客人谈笑风生，丫鬟又催促了好几次女儿才起身离席。

待女儿回席后，李晟特意走过去询问。女儿知道李晟一向都非常重视她与老人间的关系，便只是笑着说没什么事，没有将家中婆婆生病之事讲出来。李晟一看就知道女儿在说谎。在父亲的再三逼问下，女儿才道出事情原委。原来是婆婆生病在家，需要她回去照看，但她现在在父亲的宴会上抽不了身，所以就派贴身的丫鬟回家前去照看。

李晟一听女儿竟然不顾家中生病的婆婆在这里饮酒作乐，非常生气，怒斥女儿道："你赶紧回去照看你的婆婆！现在你嫁过去了，你的公公婆婆就是你的父母，你应该对待他们跟对待我们一样啊！你的婆婆生病了，你怎能扔下她不管呢？"

女儿走后，李晟想到事情是因为自己而起，要是自己不设宴摆酒，女儿也不会背上不孝这个罪名了，于是他快马加鞭地赶到亲家家里，替女儿向他们赔不是，也为自己的设想不周深表歉意。

女儿看到父亲如此重视孝道，深受启发，从那以后，她对自己的公公婆婆也照顾得更加周到了。

2. 毛泽东深情祭母

毛泽东一生事亲至孝，被人称颂。1919 年 10 月初，他接到母亲病危的特急家信，急忙带着小弟泽覃星夜上路，昼夜兼程，奔回韶山。可是当他们赶到时，母亲已入棺两天了。他极其悲痛地抚摸着母亲的棺木放声恸哭，日夜守在灵前。10 月 8 日，他独对孤灯，写出了一篇情深意切的《祭母文》：

呜呼吾母，遽然而死。寿五十三，生有七子。

七子余三，即东民覃。其他不育，二女二男。

育吾兄弟，艰辛备历。摧折作磨，因此遭疾。

中间万万，皆伤心史，不忍卒书，待徐温吐。

今则欲言，只有两端。一则盛德，一则恨偏。

吾母高风，首推博爱。远近亲疏，一皆覆载。

恺恻慈祥，感动庶汇。爱力所及，原本真诚。

不作诳言，不存欺心。整饬成性，一丝不诡。

手泽所经，皆有条理。头脑精密，劈理分情；

事无遗算，物无遁形。洁净之风，传遍戚里；

不染一尘，身心表里。五德荦荦，乃其大端。

合其人格，如在上焉。恨偏所在，三纲之末。

有志未伸，有求不获。精神痛苦，以此为卓。

天乎人欤，倾地一角。次则儿辈，育之成行。

如果未熟，介在青黄。病时揽手，酸心结肠。

但呼儿辈，各务为良。又次所怀，好亲至爱。

或属素恩，或多劳瘁。大小亲疏，均待报赉。

总兹所述，盛德所辉。必秉悃忱，则效不违。

至于所恨，必补遗缺。念兹在兹，此心不越。

养育深恩，春晖朝霭。报之何时，精禽大海。

呜呼吾母，母终未死，躯壳虽隳，灵则万古。

有生一日，皆报恩时；有生一日，皆伴亲时。

今也言长，时则苦短，帷挈大端，置其粗浅。

此时家莫，尽此一觞。后有言陈，与日俱长。

尚飨。

　　离家后，毛泽东在给他的同窗好友邹蕴真的信中写道："世上有三种人：损人利己的人，利己而不损人的人，损己利人的人，母亲正是最后一种人。"这几句话显示出年轻的毛泽东对世相人生的宏观认识，他对母亲这样的劳动妇女的美德给予高度的赞扬，并达到极其尊崇的地步。

3. 鲁迅终生孝母

鲁迅少年时，父亲病故，家道中落，他排行老大，独力承担起整个家庭的重任。为了尽量减少母亲的忧愁，他在外面无论遭受多少势利人的白眼、冷落，从未向家人吐露过半句怨言，深受母亲赞扬。他常对人说："我娘是受过苦的，自己应当担负起做儿子的一切责任。"

鲁迅去南京求学时，母亲为他定了亲，女方名叫朱安，是个没有文化的缠足姑娘。鲁迅请求退婚，母亲坚决不同意。鲁迅要求朱安放足读书，朱安也没做到。

1906 年，鲁迅在日本读书时收到家信，信中说母亲患病要他速回。7月初，他赶回家中，母亲没有生病，家里却张灯结彩，到处贴着大红喜字，鲁迅顿时明白了一切。为了不使母亲伤心，他默默接受慈母的安排，奉命完婚。洞房之夜，鲁迅一言不发。次日清晨，他就独自搬进自己的书房，过了三天，便回到了日本。

鲁迅、许广平夫妇及其子周海婴

鲁迅的爱情就这样被"母命难违"四个字束缚了整整20年，直到他同原籍潮汕的才女许广平同居为止。其间，他曾对许寿裳说："朱安是母亲送给我的一件礼物，我只能好好地供养她。至于爱情，我是不知道的。"

出于对母亲的孝顺和敬爱，他一向对母亲逆来顺受，毫无怨言。

1919年，鲁迅在北京教育部任职，买下了八道弯的一座房子，并回家乡接母亲和朱安来京安居。他竭尽孝道，将最好的大房子让给母亲住，自己将屋后一间简陋的小房子充当书房兼卧室。当时他已40多岁，依然像小时候一样，外出上班时，必向母亲说声："娘，我出去了！"回家时必向母亲说声："娘，我回来啦！"晚餐后，他总是先陪伴母亲聊一会儿，然后再回书房工作。每月领到薪水，照例先给母亲买她爱吃的糕点，再交出一个月的家庭费用，另外还给母亲每月26元零花钱，如此成为惯例。

鲁迅知道老母爱看书，便不时自购或托人代买书，源源不断地送到母亲手中。即使他后来去了上海，仍不断地给母亲寄书、寄信，并寄金华火腿等食物。鲁迅的母亲经常对人说："他处处想得周到，事事都体谅、顺从和孝敬我这老人。"

正如鲁迅的好朋友许寿裳所说："鲁迅的伟大，不但在其创作上可以见到，就是对待其母亲起居饮食、琐屑言行之中，也可以见到他伟大的典范。"

三、家训自悟

孝子之养也，乐其心，不违其志。

——《礼记》

父母之所爱亦爱之，父母之所敬亦敬之。

——孔子《长老有序》

老吾老，以及人之老；幼吾幼，以及人之幼。天下可运于掌。

——《孟子·梁惠王上》

事其亲者，不择地而安之，孝之至也。

——《庄子·内篇》

为子之道，莫大于宝身全行，以显父母。

——三国时期王昶《家诫》

父之爱子，人之常情。子之忠孝，有待教训。

——唐代李世民《贞观政要·教戒太子诸王》

不肖子孙，眼底无一句诗书，胸中无一段道理。

——五代章仔钧《大傅公家训》

夫养不必丰，要于孝。利虽不得博于物，要其心之厚于仁。

——北宋郑氏《教子语》

奉亲最急也，祭祀最严也。

——南宋陆九韶《居家制用》

须反本而图报，勿贸贸焉已也。

——明代袁仁《训子语》

天理良心，人之所以为人；宽仁厚德，覆载所以长久。得天地以为人，天地故为父母；父母才有我身，父母故同天地。欺堂上父母易，欺头上父母难。孝在修德，德在修心。

——清代刘沅《豫诚常家训》

终日戴天，不以为高；终日屦地，不知其厚。故草不谢荣于雨露，子不谢生于父母。有识者，德修而行立，行立而名成，只在家庭中做起。

——清代钟于序《宗规》

讲到"孝"字，我们中国尤为特长，尤其比各国进步得多。《孝经》所讲"孝"字，几乎无所不包，无所不至。现在世界中最文明的国家讲到"孝"字，还没有像中国讲到这么完全。所以"孝"字更是不能不要的。国民在民国之内，要能够把"忠孝"二字讲到极点，国家便自然可以强盛。

——孙中山：《三民主义·民族主义》